Ulla Schaible

Ehrlich, echt und endlich ich!

Ulla Schaible

Ehrlich, echt und endlich ich!

Leben im Einklang mit mir selbst

BRUNNEN VERLAG GIESSEN und
Buchhandlung und Verlag
des ejw, Stuttgart

Ulla Schaible, Jahrgang 1943, verheiratet, zwei Kinder.
Sie leitet zusammen mit ihrem Mann den Wörnersberger Anker, ein
christliches Lebenszentrum für junge Menschen.
Ihre Aufgabenschwerpunkte sind Seelsorge, Beratung,
Tagungs- und Seminararbeit.

2. Auflage 2002
© 2001 Brunnen Verlag Gießen
Umschlagmotiv: Project-Photos, Augsburg
Umschlaggestaltung: Ralf Simon
Satz: Brunnen DTP
Herstellung: St.-Johannis-Druckerei, Lahr
ISBN 3-7655-1231-1 (Brunnen)
ISBN 3-932595-38-6 (ejw)

Inhalt

Einleitung

Der ich bin, grüßt traurig den,
der ich könnte sein.
Friedrich Hebbel

„Ich komme mir vor wie der Hamster im Käfig, der in seinem Laufrad rennt und rennt und rennt. Das Rad dreht sich und dreht sich und ich muss laufen, fortwährend laufen, um mitzukommen. Langsam geht mir die Puste aus, aber ich weiß nicht, wie ich das Rad anhalten soll." Wir saßen mit einigen Frauen zusammen in einer Runde und eine von uns beschrieb so die Situation, in der sie gerade steckte.

Ich fragte sie, was sie mit diesem Bild ausdrücken wolle. Sie sagte: „Ich habe das Gefühl, ich werde gerannt. Vom Verstand her weiß ich natürlich, dass das nicht stimmt. Aber ich empfinde es so. Es stürmt so viel auf mich ein. Im Beruf bin ich gerade voll gefordert und jetzt soll ich auch noch die Abschiedsfeier von unserem Chef gestalten, weil ich das ja angeblich so gut kann. Die Kinder fordern. In der Gemeinde habe ich in meinem Leichtsinn zugesagt, die Verantwortung für den geplanten Familientag zu übernehmen und, und, und... Das Rad ist wie ein Selbstläufer. Du musst unheimlich viel Kraft aufbringen, um es zu bremsen. Aber," fügte sie nach einer kurzen Pause nachdenklich hinzu, „ich glaube, es kostet noch mehr Kraft, das Rad in Gang zu halten. Irgendwie muss ich seitlich raus", sagte sie, „um anhalten zu können. Ich brauche unbedingt eine Pause, damit ich erst einmal wieder zu mir selbst kommen kann."

„Ich muss erst mal wieder zu mir selbst kommen!" Jeder von uns hat sich sicher schon einmal bei diesem Stoßseufzer ertappt, wenn wir uns gerade in einer ähnlichen Stresssituation befunden haben. Stress kommt nicht zwangsläufig von vieler Arbeit, sagen die Stressforscher. Unter Stress komme ich vor allem dann, wenn ich das

Gefühl habe, die Kontrolle über mein Leben zu verlieren. Wenn ich das Gefühl habe, dass über mich bestimmt wird und die Regie über mein Leben mir aus den Händen zu gleiten droht. Ich versuche nur noch, die Forderungen und Ansprüche zu erfüllen, die von außen an mich herangetragen werden, aber ich lebe nicht mehr im Einklang mit mir selbst. Der Ausruf: „Ich muss erst mal wieder zu mir selbst kommen!" gibt diesem Empfinden Ausdruck: Ich bin dabei, mich selbst zu verlieren, an mir selbst vorbeizuleben. Ich brauche dann in der Regel eine Ruhepause, wo ich genügend Freiraum habe, eigene, gut überlegte Entscheidungen zu treffen, um so mein Leben wieder in die Hand zu bekommen, um so die Steuerung für mein Leben wieder selbst zu übernehmen. Erst dann „bin ich wieder bei mir" – und das, so hat es den Anschein, ist keineswegs selbstverständlich.

„Heute Abend gehe ich mich besuchen. Hoffentlich bin ich zu Hause." So treffend konnte der Komiker Karl Valentin dies ausdrükken. Bin ich „bei mir zu Hause"? Weiß ich, wie es „bei mir" aussieht? Was ich im Innersten zutiefst möchte? Was zu mir passt und was nicht? Und wenn ich es weiß, handle ich auch danach? Oder passe ich mich lieber an die anderen an? Lasse ich mich von den Erwartungen anderer bestimmen oder kann ich zu mir und zu dem, was ich möchte, stehen? Treffe ich bewusst eigene Entscheidungen für wichtige Dinge in meinem Leben oder lasse ich mich eher treiben?

Im Jahr 2000 ist der Philosoph Hans-Georg Gadamer 100 Jahre alt geworden. Bei dem Empfang anlässlich seines Geburtstages wurde er gefragt, welches Vermächtnis er nach einem hundertjährigen Leben den Menschen von heute mitgeben möchte. Ich erwartete eine tiefschürfende und hochphilosophische Erkenntnis. Doch seine Antwort war kurz und für mich verblüffend einfach: „Jeder muss für sich selbst Entscheidungen treffen und darf nicht nur Regeln befolgen." Für mich steckt in dieser Antwort die Erkenntnis, dass ich mich unter Umständen schuldig mache oder zumindest die Verantwortung, die mir aufgetragen ist, nicht übernehme, wenn ich Vorgegebenes einfach übernehme, ohne zu prüfen, ob es so gut und richtig für mich oder für andere ist.

Ich selbst kann mich gut an die Zeit erinnern, als unsere Kinder noch klein waren. Damals hatte ich oft das Gefühl, nur noch funktionieren zu müssen. Mein Leben wurde bestimmt von den Anforderungen, die die Umstände (scheinbar) an mich stellten: Meine Kinder, mein Leben als Familienfrau und dazu der Beruf meines Mannes als Jugendreferent, mit dem viel Publikumskontakt verbunden war. Ich bekam mehr und mehr das Gefühl, dass es für mich selbst nicht viel zu wünschen und zu wollen gab und ich nur für die anderen da zu sein hatte. So erschien mir das Leben – mindestens phasenweise – grau in grau.

Scheinbar waren es die Lebensumstände, die meinem Leben einen solchen Stempel aufdrückten. Bis mich irgendwann einmal jemand fragte: „Ja, was würdest du dir denn für dein Leben wünschen?" Das brachte mich zum Nachdenken. Und ich entdeckte bestürzt: Ich wusste keine Antwort darauf! Da merkte ich, dass es letztlich meine innere Einstellung war, die mein Leben prägte, und nicht in erster Linie die Umstände. Ich war gewohnt auf das zu reagieren, was auf mich zukam. Ich war gewohnt, die Erwartungen, die andere an mich stellten, zu erfüllen. Ich war gewohnt, die Regeln, die sich scheinbar aus den Umständen ergaben, zu befolgen.

Aber ich hatte es bis zu diesem Zeitpunkt im Großen und Ganzen versäumt, meinem Leben selbst eine Gestalt zu geben. Ich hatte versäumt zu überlegen, was *ich* eigentlich möchte, und das, was ich bei diesen Überlegungen vielleicht entdeckte, auch in die Tat umzusetzen. Ich musste zuerst einmal lernen, die Wünsche wahrzunehmen, die in mir steckten. Ich musste lernen, auch einmal „Nein" zu sagen. Ich musste lernen, die Freiräume, die es bei genauerem Hinsehen in meinem Leben durchaus gab, selbst zu gestalten. Ich musste lernen, dass ich für die Farbe in meinem Leben selbst verantwortlich bin.

In vielen Gesprächen ist mir deutlich geworden, dass dieses Gefühl, nur noch funktionieren zu müssen, sehr verbreitet ist. Sehr viele kennen es – und zwar durchaus nicht nur Frauen. Auch Männer beklagen oft, dass sie „aufgefressen" werden von den Anforderungen, die Beruf und Familie (und vielleicht noch Gemeinde) an sie stellen.

Die Sehnsucht, „bei sich" zu sein, steckt in jedem Menschen. Ich möchte ich selbst sein dürfen. Ich möchte im Einklang mit mir selbst leben – aus einer inneren Mitte heraus. Ich möchte eigene Wünsche haben dürfen und sie – vielleicht nicht alle, aber doch die entscheidenden – verwirklichen. Das Leben soll bunt und farbig sein und nicht grau in grau. Ich möchte das „Mehr" im Leben, von dem ich ahne, dass es erfahrbar ist, erleben und auskosten. Wenn ich nicht ich selbst sein darf – so habe ich es in einem Buch gelesen und das Bild hat mir gut gefallen –, so ist es, als seien mir die Flügel gestutzt, die mich sonst durchs Leben tragen. Mir fehlen dann Schwung und Vitalität, die ich mir eigentlich für mein Leben wünsche.

Für manche Menschen ist dieses Gefühl, nicht das eigene Leben zu leben, nicht wirklich ich selbst zu sein, nur phasenweise bestimmend. Vielleicht ist es hervorgerufen durch bestimmte Lebensumstände. Für andere ist das ganze Leben von diesem Gefühl geprägt. Oft genug haben sie nie gelernt – oder nicht lernen dürfen – „ich" zu sagen. Doch ist es nie zu spät, sich auf den Weg zu machen, das eigene Leben selbst in die Hand zu nehmen. Ich kann Schritte tun, die meinem Leben eine neue Richtung geben, die mehr und mehr hinführen zu dem, was mir selbst entspricht. Ich könnte es auch anders ausdrücken: Ich soll mehr und mehr der Mensch werden, den Gott sich gedacht hat, als er mich geschaffen hat; ich darf die Möglichkeiten verwirklichen, die Gott in mich hineingelegt hat, und zu dem Menschen werden, den Gott schon lange in mir sieht.

Eine kleine Geschichte aus dem alten Ägypten ist mir ein Bild dafür: Ein Vater geht mit seinem kleinen Sohn spazieren. Sie kommen an einem Platz vorbei, auf dem Bildhauer arbeiten, und beobachten, wie ein Bildhauer gerade beginnt, an einem riesigen Steinblock mit seinem Meißel die ersten Stücke herauszuhauen. Die beiden schauen eine Weile zu und gehen dann weiter. Ein paar Wochen später machen Vater und Sohn den gleichen Weg und kommen wieder bei diesem Bildhauer vorbei. Inzwischen ist aus dem Steinblock ein prächtiger Löwe mit wallender Mähne geworden. Der kleine Junge ist ganz fasziniert. Erstaunt fragt er seinen Vater: „Woher wusste der Mann, dass der Löwe in dem Stein war?"

Dem „Löwen" in mir, den Gott schon lange sieht, dem „Kunstwerk", das ich bin, mehr und mehr Gestalt zu geben, das ist die Richtung, in die es gehen soll. Von dieser Perspektive her gewinnt mein Alltag eine neue Bedeutung. Unsere kleinen Entscheidungen sind nicht trivial; sie sind wie viele kleine „Meißelschläge", die unseren Charakter, unsere Persönlichkeit formen. Hoffentlich mehr und mehr nach dem Bild, das Gott in uns hineingelegt hat. Nehmen wir diese Sehnsucht, unser ureigenstes Wesen zur Entfaltung zu bringen, wahr? Lassen wir uns von dieser Sehnsucht bewegen . . .

Eines ist allerdings auch sicher: Ich werde auf diesem Weg sehr wahrscheinlich nicht ohne Konflikte auskommen. Das ist vorhersehbar. Wenn ich mir die Freiheit nehme, meine eigenen Gedanken zu denken, und nicht nur das nachspreche, was andere mir vorsagen, gerate ich möglicherweise in Widerspruch zu ihnen. Wenn ich eigene Wünsche und Vorstellungen äußere, die anderen nicht ins Konzept passen, ziehe ich mir ihren Unwillen zu. Das alles zusammen kann zunächst einmal dahin führen, dass ich in eine Krise komme. Doch – Krisen gehören nun einmal unweigerlich zu einem Entfaltungs- und Wachstumsprozess dazu. Es geht nicht ohne. Wir mögen das bedauern – aber ändern können wir daran nichts. Das Leben scheint nun einmal so eingerichtet zu sein: Zu jedem Entwicklungsschritt, zu jeder Altersstufe gehören Krisenzeiten: die Trotzphase des kleinen Kindes, der Ablösungsprozess in der Pubertät oder die Umstellung des Lebens in der Lebensmitte, die Bejahung unserer Grenzen im Alter . . .

Der Weg zu sich selbst beginnt mit Nachdenken, aber das Nachdenken muss zum Handeln führen, sonst wird sich nichts im eigenen Leben ändern. Deswegen gehören zu diesem Weg Willenskraft und Mut. Doch wer sich auf diesen Weg begibt, dem winkt eine verlockende Lebensmöglichkeit. Eine Lebensmöglichkeit, die auf eine tiefe Sehnsucht bei uns Menschen trifft und die ich in dem Buch von Wunibald Müller „Die Ehre Gottes ist der lebendige Mensch" (Grünewald-Verlag) so gut formuliert gefunden habe, dass ich sie auszugsweise hier zitieren möchte. Das ist uns verheißen:

„Zu leben als ein Mensch,
- der das Leben in sich spürt
- der die vielen Weisen, Leben zu verwirklichen, zu nutzen vermag
- der Dankbarkeit empfindet für sein Dasein

▪ der voll Staunen und Neugier die Buntheit des Lebens bewundert und betrachtet

▪ dessen Herz sich aufbäumt angesichts unsäglichen Leidens

▪ der sich freuen kann

▪ der Momente tiefster Ergriffenheit kennt

▪ der seine Lust am Leben spürt

▪ der die Schicksalsschläge, die sein Leben begleiten, durchleidet

▪ der seiner Fürsorge für sich und seiner Liebe zu anderen Menschen und zu Gott freien Lauf lässt

Ein solcher Mensch entfaltet sein Leben nicht nur für sich selbst, sondern er wirkt ansteckend auf andere und ermutigt sie so ebenfalls zum Leben und zur Lebendigkeit." (S. 53)

Natürlich wird man ein solches Lebensgefühl nicht immer in gleicher Intensität wahrnehmen. Doch eines geschieht mit Sicherheit, wenn ich mich auf den Weg mache, um bei mir selbst zu Hause zu sein: Ich komme heraus aus einem funktionalen Rollenverhalten. Ich lerne es mehr und mehr, meiner Überzeugung gemäß zu leben. Ich lerne es, mir treu zu bleiben – sowohl in alltäglichen Entscheidungen als auch in schwierigen Situationen. Das Leben gewinnt nach und nach mehr an Lebendigkeit und Farbigkeit; es gewinnt an Ehrlichkeit, an Echtheit, an Ausstrahlung. Nur das Echte überzeugt.

Welche konkreten Schritte auf diesem Weg getan werden können, das soll in den einzelnen Kapiteln dieses Buches entfaltet werden. Natürlich wird ein solcher Weg nicht immer nur steil bergauf oder geradewegs dem Ziel entgegen führen. Es wird Rückschläge geben, das gehört naturgemäß dazu. Und der Weg braucht Zeit. Es ist ein Weg, den man erwandert, und nicht im Schnellzugtempo durcheilen kann. Manchmal meint man ja, was man begriffen habe, müsste sich auch schon geändert haben. Doch das ist ein Irrtum. Wie alles im Leben brauchen auch die neuen Lebensmöglichkeiten Zeit zum Wachsen.

Den Weg, den ich beschrieben habe, könnte man auch mit dem Wort „Selbstverwirklichung" benennen. Ich habe das Wort bisher bewusst vermieden, weil es – vor allem bei Christen – sehr in Verruf gekommen ist. Doch denke ich, dass das Wort vielfach falsch interpretiert oder auch missbraucht wurde. Vielfach wird darunter eine egozentrische Lebenshaltung verstanden: Ich kümmere mich nur noch um mich selbst; ich tue, worauf ich gerade Lust habe, ohne Rücksicht auf andere; ich folge nur meinen eigenen Wünschen, die Bedürfnisse anderer sind mir gleichgültig. Kurz gesagt: Ich lebe einen ausgeprägten Egoismus.

Richtig verstandene Selbstverwirklichung ist jedoch etwas anderes. Als Christin verstehe ich mich als ein Geschöpf Gottes, als einmaliges Geschöpf, als etwas Kostbares, das Gott geschaffen hat. Deswegen möchte ich das, was Gott in mein Leben hineingelegt hat – den „Löwen" in mir – zur Entfaltung bringen. Ich möchte nicht verkümmern lassen, was Gott mir geschenkt hat, damit ich und andere daran Freude haben. Gott zwingt mich nicht dazu. Gott lässt uns große Freiheit, selbst zu bestimmen, was wir aus unserem Leben machen. Aber sein erklärter Wille ist es, dass wir mit den „Talenten", die er uns anvertraut hat, wuchern, dass wir das, was er in unser Leben hineingelegt hat, auch zur „Verwirklichung" bringen.

Deswegen ist es gut, sich einige konkrete Fragen zu stellen und Antworten darauf zu suchen:

- Was hat Gott in mein Leben hineingelegt?
- Und wie kann ich das in mir Angelegte zur Entfaltung bringen?
- Wie kann ich zu dem Menschen werden, den Gott sich gedacht hat?

Das, was Gott in mein Leben hineingelegt hat, hat auch immer etwas mit einem Auftrag zu tun. Die Gaben Gottes sind nicht nur für mich allein gedacht, sondern mit seinen Gaben soll ich in dieser Welt handeln, sie mitgestalten, meine Umgebung prägen. So heißt Selbstverwirklichung auch, den Auftrag, der mit meinem Leben verbunden ist, zu entdecken und zu verwirklichen.

Richtig verstandene Selbstverwirklichung bleibt nie bei sich selbst stehen. Zu diesem Schluss kommt man auch in der Psychologie. Dort wird der in einem guten Sinn sich selbst verwirklichende Mensch durchaus beschrieben als jemand, der gut für sich selbst sorgen kann. Er wird aber auch beschrieben als ein Mensch, dem es ein Anliegen ist, für andere Menschen zu sorgen, der soziale Verantwortung übernimmt, den das Leid anderer nicht kalt lässt und der klare ethische Maßstäbe hat.

Wer anfängt, sein Leben zu entfalten, wird auf diesem Weg eine tiefe Dankbarkeit für sein Leben entwickeln. Er wird ein Gefühl dafür bekommen, was für ein kostbares Gut das Leben ist – und eben nicht nur das eigene Leben, sondern auch das Leben anderer. Es entwickelt sich eine große Achtung vor dem Leben und parallel dazu ein Mitleiden da, wo Leben missachtet und mit Füßen getreten wird, wo Menschen nicht ihrer Würde entsprechend behandelt werden. Daraus entsteht ein inneres Bedürfnis, sich für andere Menschen einzusetzen, nicht als Pflicht, weil man es muss, sondern als Ausdruck der eigenen Persönlichkeit, weil man es will.

Diese Dankbarkeit für das Leben hat für Christen eine bestimmte Zielrichtung. Sie richtet sich an Gott, den Schöpfer, der uns das Leben gegeben hat. Und sie sagt: Das, was du gemacht hast, ist gut und ich freue mich darüber. Wenn dies nicht nur ein Lippenbekenntnis ist, sondern durch meine ganze Art zu leben zum Ausdruck kommt, so ist dies auch eine Möglichkeit, Gott die Ehre zu geben.

Wir ehren Gott mit Liedern, mit Gebeten oder frühere Generationen haben das getan mit wunderschönen Gebäuden, mit Bildern, mit Musik oder mit anderen Kunstwerken. Aber wir können Gott auch die Ehre geben, indem wir das, was er in uns angelegt hat, zur Entfaltung bringen. So zeigen wir durch unser Leben: „Das, was du geschaffen hast, ist gut." Wenn wir unser Leben nicht entfalten, bleibt das Gute, das Gott geschaffen hat, verborgen. Es kommt erst zum Vorschein, wenn wir unserem Leben wirklich den ihm eigenen Ausdruck geben, wenn wir ehrlich werden vor uns selbst, wenn wir „echt" und im umfassenden Sinn „lebendig" sind und durch diese Lebendigkeit Ausstrahlung bekommen. Dann bekommt unser Leben etwas Faszinierendes und es gereicht Gott zur Ehre, weil es sein „Werk" ist. In diesem Sinn verstehe ich auch den bereits zitierten Buchtitel: „Die Ehre Gottes ist der lebendige Mensch". Gott auf diese Weise zu ehren – dazu möchte ich mit diesem Buch gern einen Beitrag leisten.

1 Ansprüche von allen Seiten – oder?

Das Telefon klingelt. Ein Pastor fragt an, ob ich beim Frauen-Treff seiner Gemeinschaft einen Vortrag zu einem bestimmten Thema halten könne. Da ich schon seit längerem beschlossen habe, keinerlei Reisedienste mehr anzunehmen, muss ich ihm leider eine Absage erteilen. Ich rechne mit einer gewissen Verärgerung oder dem Versuch, mich doch noch zu überreden. Aber seine Reaktion ist für mich außerordentlich überraschend, denn er sagt: „*Das* finde ich toll, dass Sie Nein sagen können. Ich kann das nicht." Und dann erzählt er mir, wie viel er zu tun habe und wie er sich habe hinreißen lassen, noch einen weiteren Dienst anzunehmen, obwohl er bereits voll ausgebucht sei, und wie überfordert und ausgelaugt er sich fühle.

Ich denke, wie diesem Pastor geht es vielen – und zugegebenermaßen auch mir hin und wieder. Man fühlt sich überfordert von all den Ansprüchen und Erwartungen, die an einen herangetragen werden. Da ist der Chef, der möchte, dass man länger arbeitet, da ist die Familie, die ihre Ansprüche anmeldet. Da wird in der Gemeinde erwartet, dass man sich ehrenamtlich engagiert. Da ist der Garten, der bearbeitet werden will, und im Haus sollte auch schon lange dieses oder jenes getan werden.

Ansprüche von allen Seiten. Alle wollen etwas von mir. Ich habe das Gefühl, nur noch zu funktionieren, getrieben zu sein von all den Anforderungen, die auf mich zukommen. Ich habe das Gefühl, gelebt zu werden und gar nicht mehr die Möglichkeit zu haben, mein Leben selbst zu gestalten. Ich frage: Wo bleibe ich in diesem Getriebe?

Auch Medien und Werbung spielen hier ihren Part mit. Man hat heutzutage jung, schön und gepflegt auszusehen. Doch das kommt nicht von allein. Man sollte ins Fitness-Studio gehen, Sport treiben, ein Schönheitsbad nehmen, eine Schlankheitskur machen . . . Alles

Dinge, die Zeit kosten. Je nachdem, in welchen Kreisen man sich bewegt, sollte man natürlich dieses oder jenes Buch gelesen haben, um mitreden zu können, eine bestimmte Fernsehsendung gesehen haben oder bei bestimmten – christlichen oder anderen – Kongressen dabei gewesen sein.

Verschiedenste Ansprüche treten von allen Seiten an mich heran, bestimmen – mehr oder weniger stark – mein Leben und bringen mich oft in Stress. Doch – sind es wirklich nur die Dinge von außen, die mich unter Druck setzen? Sie spielen eine Rolle – keine Frage. Doch es lohnt sich, sich einmal die Frage zu stellen: „Warum muss ich denn all diesen Ansprüchen genügen? Welche Antriebskräfte in mir selbst bringen mich zu dem Glauben, ich müsse all diese Erwartungen auch erfüllen? Welche Ängste? Welche Bedürfnisse?"

Wenn ich mich dieser Frage ehrlich stelle, muss ich zugeben, dass es nicht nur die anderen sind, die mich in Bedrängnis bringen. Es gibt in mir selbst bestimmte Bestrebungen, die „schuld" sind, dass ich mich so „getrieben" fühle und nicht wirklich das Gefühl habe, aus der eigenen Mitte heraus zu leben, wirklich ich selbst zu sein.

Suche nach Anerkennung

Die stärkste Bestrebung ist meines Erachtens die Suche nach Anerkennung. Ich möchte von anderen anerkannt und akzeptiert werden. Ich möchte, dass sie mich mögen. Ich möchte dazugehören. Deswegen verhalte ich mich entsprechend, nämlich so, wie ich denke, dass ich Anerkennung und Zuwendung bekomme. Oder umgekehrt könnte ich sagen, ich versuche alles zu vermeiden, was mir diese Anerkennung versagt, was mir Ablehnung und Kritik einbringen könnte. Wenn ich nicht tue, was andere von mir erwarten, sind sie ärgerlich auf mich und lehnen mich ab. Das ist meine innere Logik – ob sie der Wirklichkeit entspricht, ist eine ganz andere Frage, aber sie bestimmt oft mein Denken und Handeln. Abgelehnt zu werden, ist schwer auszuhalten. Ich brauche die Bestätigung von anderen, um von mir selbst ein positives Bild zu haben, um mich selbst zu mögen.

Ich möchte aber nicht nur vor anderen gut dastehen, sondern auch vor mir selbst. Ich selbst habe ja auch ein bestimmtes Bild von mir, davon, wie ich gern gesehen werden möchte: erfolgreich, anerkannt, beliebt, gut aussehend, als gute Hausfrau und Mutter ... Ich möchte „Wer" sein. Ich möchte eine gute Figur abgeben. Und dieser Wunsch bestimmt mein Handeln. Ich tue möglichst viel, was diesem Bild dienlich ist, und versuche alles zu vermeiden, was dieses schöne Bild von mir trüben würde.

Der Wunsch nach Sicherheit

Eine zweite starke Grundbestrebung im Menschen ist das Streben nach Sicherheit. Ganz äußerlich zeigt sich das darin, dass wir normalerweise unsere Wohnung oder unser Haus absichern, indem wir es – vernünftigerweise – abschließen. Der Wunsch nach Sicherheit zeigt sich aber auch darin, sich möglichst materiell abzusichern. Wir schließen Versicherungen ab für die unterschiedlichsten Risiken. Zudem sind die meisten Menschen bestrebt, ein genügend großes finanzielles Polster – sei es in Geld oder Immobilien oder Wertgegenständen – zu haben, das ihnen ein Gefühl von Sicherheit vermitteln soll. Das ist auch bei Christen nicht viel anders als in der normalen Gesellschaft. Und es ist ja auch nicht schlecht, wenn das alles in einem vernünftigen Maß geschieht. Die Frage ist, inwieweit mich mein Sicherheitsbedürfnis bestimmt: Dient es meinem Leben oder engt es meine Entfaltungsmöglichkeiten ein und macht mich unfrei?

Kritisch wird es, wenn das Streben nach Sicherheit zum alles bestimmenden Faktor wird. Wie würde ich zum Beispiel entscheiden, wenn ich zwei Stellenangebote zur Auswahl hätte: Die eine Stelle würde mir vom Aufgabengebiet her gesehen sehr gut gefallen. Die andere Stelle hätte ein weniger interessantes Aufgabengebiet, doch würde ich 1000,- DM mehr verdienen. Wie würde ich mich entscheiden? Von welchen Faktoren ließe ich mich leiten?

Denken Sie einmal darüber nach, welchen Stellenwert Geld und Besitz in Ihrem Leben tatsächlich einnehmen. Wie viel Raum beanspruchen diese Dinge in Ihren Gedanken? Besitz ist ja nicht grundsätzlich etwas Negatives. Besitz hat zum Ziel, dass er in gewisser Weise Ruhe – und eben auch ein gutes Maß an Sicherheit – in unser Leben hineinbringt und wir uns nicht ständig angstvoll um das Morgen sorgen müssen. Deshalb können wir dankbar sein für das, was wir besitzen. Dankbarkeit und der sorgfältige Umgang mit dem, was wir haben, diese beiden „Tugenden" können uns helfen, eine gute Einstellung zu Geld und Besitz zu finden.

Ganz gewiss birgt Besitz auch eine Gefahr: die Gefahr der Habsucht. Was man bereits hat, verlangt nach mehr. Oft werden Geld und Besitz ja auch dazu benutzt, um das eigene Selbstwertgefühl aufzubessern – je mehr ich habe, umso besser stehe ich da. Je größer das Auto, umso größer das Ansehen.

Unser Sohn arbeitet in der Entwicklungsabteilung einer großen Autofirma. Für Versuchszwecke bekommt er hin und wieder über das Wochenende ein Firmenauto mit nach Hause. So kam er vor einiger Zeit mit einem wirklich „dicken" – um nicht zu sagen „ganz dicken" – Auto angefahren. Als ich dieses Auto so vor unserem Haus stehen sah, musste ich vor mir selbst zugeben, dass mich das nicht einfach unberührt ließ. So ein Auto, „das hat was". Ich merkte, dass selbst ich mich dieser Faszination nicht so ganz entziehen konnte. Ein dickes Auto bedeutet ein großes Einkommen, bedeutet eine wichtige Position, bedeutet: Ich bin wer. Und jeder kann es sehen. Es steckt eine Art von Verführung in diesem Wertsystem, der man leicht erliegen kann. Und schnell kann das Materielle, mein Einkommen, mein Besitz zum bestimmenden Faktor in meinem Leben werden, vielleicht ohne dass ich es so richtig merke.

Jesus sagt in der Bergpredigt: „Niemand kann gleichzeitig zwei Herren dienen. Wer dem einen richtig dienen will, wird sich um die Wünsche des andern nicht kümmern können. Genauso wenig könnt ihr zur selben Zeit für Gott und das Geld leben" (Matthäus 6,24). Ich entdecke immer mehr die Wahrheit dieses biblischen Wortes. Unsere heutige Gesellschaft wird meinem Eindruck nach – und dieser Eindruck wird von anderen geteilt – wenig von Gott, aber viel vom Geld bestimmt. Man braucht nur einmal in eine Buchhandlung zu gehen: Die Neuerscheinungen rund ums Geld füllen ganze Regale.

Wie man am besten sein Geld anlegt, wie man an der Börse spekuliert, wie man seine „erste Million" macht (ein Bestseller!) – für jede „Kapitalfrage" gibt es den passenden Lösungsvorschlag.

In den abendlichen Nachrichtensendungen fast aller Sender hat der Bericht von der Börse inzwischen „einen prominenten Platz" – wie es ein Journalist formulierte. Die großen Tageszeitungen haben ihren Wirtschaftsteil erweitert und eine ganze Reihe neuer Finanzzeitschriften sind im letzten Jahr auf den Markt gekommen. Eine ganze Nation ist im Aktienrausch, auf der Jagd nach der schnellen – und mühelos verdienten – ersten Million.

Sich diesem Trend zu entziehen, ist gar nicht so einfach. Natürlich will ich das Geld, das ich habe, möglichst gewinnbringend anlegen. Und schon bin ich dabei, jeden Tag nachzuschauen, ob der Aktienfond, in dem ich mein Geld angelegt habe, gefallen oder gestiegen ist. Doch warum steigen oder fallen Aktien? Das hängt unter anderem davon ab, welchen Gewinn eine Firma macht. Kündigt dann eine Firma an, dass sie den erwarteten Gewinn wohl nicht erreichen wird, fallen die Kurse. Um den Gewinn wieder zu steigern, müssen wir „anpassen", sagte kürzlich in einem Interview der Manager einer großen Firma. Im Klartext: Werke schließen und Leute entlassen. Von den verbleibenden Mitarbeitern wiederum wird dann in der Regel immer mehr gefordert. Natürlich muss eine Firma Gewinn machen, um existieren zu können. Wenn aber bei diesem „Anpassungsprozess" das Geld-Machen das einzige Kriterium ist und andere Werte, wie zum Beispiel ein menschlicher Umgang mit Mitarbeitern, unter den Tisch fallen, wird sich das auf Dauer weder auf die Firma noch auf unsere Gesellschaft positiv auswirken. Die Würde des Menschen wird dann immer weniger gelten.

Welchen Stellenwert nehmen Geld und Besitz in meinem Leben ein? Lasse ich mich vom allgemeinen Trend, „Geld zu machen", mitreißen und was heißt das dann für meinen Lebensstil? Wie wichtig ist es mir, mehr zu verdienen? Welchen Preis zahle ich dafür? Ein Freund unserer Familie bekam das Angebot, in seiner Firma eine Art Teilhaberschaft zu erwerben mit der Aussicht, um einiges mehr zu verdienen. Der Preis wäre aber gewesen, wesentlich mehr Zeit für die Firma einzusetzen. Da er Familie und drei Kinder hat und sich auch in der Gemeinde engagieren möchte, lehnte er ab. Mit dieser Entscheidung stieß er auf völliges Unverständnis. Nach welchen Kriterien suche ich eine Stelle aus? Nur nach dem Verdienst oder dem Prestige oder frage ich auch, ob die Arbeit mir Freude macht, ob sie mir entspricht? Ist zum Beispiel ein Umzug damit verbunden? Was hieße das für mich und meine Familie? Und so weiter. Welche Freiheit ich im Umgang mit Geld und Besitz habe, ob ich Geld loslassen kann oder ob mich das Geld „besitzt", kann ich auch gut daran prüfen, ob ich bereit bin, Geld wegzugeben. Welchen Stellenwert nimmt das Opfer bei mir ein? Bin ich bereit zu teilen mit Menschen, die weniger haben als ich? Oder meine ich, alles, was ich habe, für mich zu brauchen? Die Beantwortung dieser Frage kann mir einen guten Hinweis geben, wie abhängig oder frei ich von Geld und Besitz bin.

Hinter all diesen Einzelfragen steht die grundsätzliche Anfrage: Inwieweit steuert mein Bestreben nach Sicherheit und Ansehen in Form von Geld und Besitz mein Leben? Liegt mein Umgang mit den materiellen Gütern in einem vernünftigen Maß, das zum Lebensunterhalt und zum Lebenserhalt notwendig ist und so die nötige Ruhe ins Leben hineinbringt? Oder hat das „immer Mehr" so von mir Besitz ergriffen, dass es die Lebensentscheidungen vorgibt und mich unfrei macht? Wo immer das geschieht, lebe ich nicht mehr das Leben, das ich im Grunde meines Herzens eigentlich möchte. Meistens ist es dann auch nicht das Leben, das Gott möchte. Er will, dass wir unsere letzte Sicherheit auf ihn setzen und nicht auf unseren Besitz, wie ebenfalls in der Bergpredigt nachzulesen ist (vgl. Matthäus 6,19-21).

Erlebnis-Hunger

Eine Bestrebung, die man heute beobachten kann, ist meines Erachtens ziemlich neu in der Geschichte der Menschheit und ist das Gegenteil vom Streben nach Sicherheit: der Hunger nach besonders extremen Erlebnissen. Nachdem unser Leben mindestens in unserem Land doch materiell ziemlich abgesichert ist, fehlt vielen die Herausforderung. Wenn man bedenkt, mit welchen Gefahren und Mühen in früheren Zeiten die Nahrungsbeschaffung verbunden war (z.b. die Jagd nach Beute), so ist die Sorge für den Lebensunterhalt heute in der Tat keine Herausforderung mehr, sondern eher Routine. Aber viele Menschen suchen die Herausforderung, das Abenteuer oder ein besonderes Erleben. Ausdruck dafür sind Extrem-Sportarten wie Bunjee-Springen oder River-Rafting. Eine ähnliche Sehnsucht nach dem Ausstieg aus dem banalen Alltag liegt wohl auch dem „Abtanzen" bei Techno-Partys über ein ganzes Wochenende mit Hilfe von Aufputschmitteln zugrunde. Ich denke, es gibt auch eine christliche Variante dieses Hungers nach dem Besonderen, nämlich die Suche nach immer neuen, spektakuläreren geistlichen Erlebnissen.

Viele Menschen empfinden ihren Alltag einfach als langweilig. Sie finden ihn langweilig, weil sie das Leben nicht spüren. Es gehört zu den Grundsehnsüchten des Menschen, sich selbst zu spüren, berührt zu werden, Gefühle zu haben. Weil aber unsere Gesellschaft immer gefühlloser wird, weil wir durch Reizüberflutung immer mehr abstumpfen, sind immer stärkere Reize nötig, damit wir uns selbst überhaupt noch spüren und wahrnehmen können. Die Spirale von Reiz – Reizwahrnehmung – Reizverstärkung schraubt sich immer höher. Deswegen kann dieser Weg zu keiner wirklichen Befriedigung führen. Ich denke, was hier geschieht, ist vielmehr eine Flucht vor sich selbst, eine Flucht vor der Wahrnehmung der Leere, der Banalität, der Alltäglichkeit des eigenen Lebens. Wenn ich auf der Flucht vor mir selbst bin, bin ich aber nicht bei mir. Ich kann dann auch nicht berührt werden von dem, was das ganz alltägliche Leben lebenswert macht.

Kann ich sehen, was der ganz normale Alltag an Herausforderungen zu bieten hat? Kann ich sehen, was es in meinem Alltag an schönen Dingen gibt – und lasse ich mich davon berühren? Ein freundliches Lächeln – ein gutes Gespräch – eine gelungene Arbeit – ein schönes Bild – eine schöne Landschaft ... Die Reihe ließe sich noch lange fortsetzen. Die Frage ist, ob ich offene Augen habe für all das scheinbar Unscheinbare oder ob die Jagd nach außergewöhnlichen

Erlebnissen mich blind macht dafür, die Freude in den kleinen alltäglichen Ereignissen zu entdecken.

Letztlich steckt hinter der Suche nach dem besonderen „Kick" die Suche nach dem Sinn meines Lebens. Doch kann der besondere „Kick" wirklich den Sinn des Lebens ausmachen? Ich bin überzeugt: Diese Frage muss anders beantwortet werden und wird später in diesem Buch noch zur Sprache kommen.

Botschaften, die wir mitbringen

Neben dem Streben nach Anerkennung und Sicherheit und der Suche nach dem besonderen Erlebnis ist unser Leben oft unbewusst gesteuert von einem weiteren Faktor: von unseren „automatischen" Annahmen, von dem, was wir – oft aus der Kindheit oder von der Umwelt – übernommen und nicht überprüft haben. Als Kinder strecken wir unbewusst unsere Fühler aus und fragen: „Welches Verhalten kommt bei den Eltern (oder anderen Bezugspersonen) an?" Wir versuchen dann das zu tun, was ankommt, weil wir als Kinder die Liebe und die Zuwendung der Eltern brauchen. Für Kinder ist das ein vernünftiges Verhalten. Das Problem ist, dass wir solche angelernten Verhaltensmuster oft ungeprüft ins Erwachsenenalter hineinnehmen. Manches angelernte Verhalten ist durchaus sinnvoll, aber manches verhindert auch, dass man sein Leben selbst in die Hand nimmt und selbst gestaltet.

So ist zum Beispiel das angelernte Verhalten, nur bei Grün über die Straße zu gehen, auch für einen Erwachsenen überaus sinnvoll. Aber viele „Botschaften", die Eltern ihren Kindern mitgeben, hindern sie später, ihr eigenes Leben zu leben. Heißt die Botschaft zum Beispiel: „Gefall mir!", so wird ein Kind versuchen, sich so zu verhalten, dass es Vater oder Mutter gefällt. Wird diese Botschaft ungeprüft (weil meistens unbewusst) ins Erwachsenenalter übernommen, wird man sich auch später immer an den vermeintlichen Erwartungen der anderen orientieren; man wird sich so verhalten, dass man keinen Anstoß erregt und eben „gefällt". Und man wird so das eige-

ne Leben verpassen. Andere unbewusste Botschaften können heißen: „Sei stark!" oder: „Bring gute Leistung, dann bist du ein gutes
Kind!" und vieles mehr. Manchmal sollen Kinder auch das verwirklichen, was Eltern in ihrem Leben nicht verwirklichen konnten, wie
zum Beispiel einen bestimmten Beruf auszuüben. Ob das dann der
Beruf ist, der dem Kind eigentlich entspricht, steht oft gar nicht zur
Debatte.

Meine Kindheit war stark geprägt von dem Motto: „Was sagen die
Leute?" und entsprechend hat man sich in unserer Familie verhalten.
Im Gespräch mit anderen Christen ist mir aufgefallen, dass dieses
Motto gerade im christlichen Bereich oft vertreten ist: „Was denken
die Leute in der Gemeinde, in meinem Hauskreis, wenn ich dieses
oder jenes tue oder nicht tue?"

Ich habe viele Seminare über „Wachstum im Glauben" gehalten.
In diesem Zusammenhang habe ich dann auch gesagt, dass es durchaus „normal" sei und dazu gehöre, dass bei diesen Wachstumsschrit-
ten eine Phase des kritischen Hinterfragens durchlaufen wird.
Manchmal kam es mir so vor, als öffnete ich mit dieser Aussage einen Topf, der vorher fest mit einem Deckel verschlossen war. Auf
einmal kamen jede Menge kritische Fragen auf den Tisch. Sie waren
auch vorher schon da gewesen, aber viele hatten vorher nicht den
Mut gefunden, sie zu stellen. Man hätte ja unangenehm auffallen
können! Vielleicht wäre man auch bezichtigt worden, man weiche
vom richtigen Weg ab, wenn man solche Fragen im eigenen Hauskreis oder in der eigenen Gemeinde gestellt hätte. Aber mit all diesen eingesperrten Fragen bleibt auch der Glaube eingesperrt. Es besteht die Gefahr, dass der Glaube mehr und mehr zu einer bloßen
Form wird und die lebendige Gottesbeziehung verloren geht, weil so
viel an echten, lebendigen Empfindungen und Gedanken ausgeklam-
mert werden muss.

Immer wieder einmal kam es allerdings auch vor, dass Seminar-
teilnehmer berichteten, dass sie sich irgendwann getraut hätten, ihre
kritischen Fragen zu stellen. Dabei hätten sie die Erfahrung gemacht,
dass andere dadurch Mut bekamen, ebenfalls ihre Zweifel zu äußern
und so tiefe Gespräche über den Glauben zustande kamen. Die
Angst, abgelehnt zu werden, wenn man äußert, was man im Inneren

denkt und was einen wirklich bewegt, ist oft unrealistisch groß – und was dann tatsächlich passiert, erweist sie in den meisten Fällen als unberechtigt. Auch hier gilt: Wer Mut hat, zu sich selbst zu stehen, ermutigt auch andere.

Die zusammenfassende Frage für dieses erste Kapitel lautet: „Was hindert mich eigentlich daran, ein „lebendiges Leben", mein eigenes Leben zu leben? Sind es wirklich die anderen, die mich unter Stress und Druck bringen? Sind es wirklich die Umstände, die mir das Gefühl geben, gelebt zu werden und nicht mehr selbst zu leben? Oder welche bewussten oder unbewussten Bestrebungen in mir sind Ursachen für dieses Lebensgefühl?"

Bei einem Hauskreistreffen, zu dem ich eingeladen worden war, erzählte ein Ingenieur die folgende Begebenheit:

Als er mit seinem Studium fertig war, kam er direkt in die Phase der „Ingenieurschwemme" hinein. Viele Ingenieure wurden entlassen und standen auf der Straße. Er fand zunächst Arbeit, doch dann meldete sein Betrieb Konkurs an, und er wurde arbeitslos.

Nach längerer Zeit fand er wieder eine Stelle. Die Arbeit machte ihm Spaß. Doch was ihm zunehmend missfiel, war, dass sein Chef terminlich einfach über ihn verfügte – auch samstags und sonntags. Der Chef war nicht verheiratet und hatte wohl kein Verständnis dafür, dass jemand Familie hatte und auch für seine Kinder Zeit haben wollte, ganz zu schweigen davon, dass von Gott her der Sonntag nicht für die Arbeit gedacht ist.

Irgendwann setzte der Ingenieur alles auf eine Karte und meldete sich zu einem Gespräch bei seinem Chef an. In diesem Gespräch brachte er zum Ausdruck, dass ihm die Arbeit Freude mache und er gern in diesem Unternehmen arbeite. Aber er fügte hinzu, dass er Familie habe und nicht mehr bereit sei, hinzunehmen, dass ohne Absprache auch am Wochenende einfach terminlich über ihn verfügt werde.

„Wissen Sie, dass Sie das Ihre Stelle kosten kann?", war die erste Reaktion.

„Ja, das weiß ich", sagte der Ingenieur. Er war noch in der Probezeit, und man hätte ihn von heute auf morgen entlassen können.

Am nächsten Tag rief ihn sein Chef nochmals zu sich und sagte:

„Gut, ich habe mir die Sache überlegt. Ich werde in Zukunft die Termine mit Ihnen absprechen."
Dass das so ausgehen würde, war nicht unbedingt zu erwarten gewesen. Die Situation auf dem Arbeitsmarkt sprach eigentlich dagegen. Doch dieser Mann hatte es gewagt, sein Sicherheitsstreben hintan zu stellen, um sein Leben so leben zu können, wie er es verantworten konnte – und er war bereit gewesen, den Preis dafür zu bezahlen.

Zum Weiterdenken

Am Ende jedes Kapitels werden einige Fragen stehen. Sie sind als Angebot und Anregung gedacht für diejenigen, die sich mit der Thematik des jeweiligen Kapitels noch vertiefend beschäftigen und das vorher Dargelegte auf das eigene Leben anwenden möchten.

- Welches Lebensgefühl habe ich? Habe ich das Gefühl, dass ich „gerannt" werde (siehe das Beispiel am Anfang)? Oder habe ich eine gute Balance in meinem Leben?
- In welchen Bereichen meines Lebens fühle ich mich identisch mit mir, lebe ich im Einklang mit mir? In welchen Bereichen habe ich mehr das Gefühl gelebt zu werden? Welches Gewicht haben die einzelnen Bereiche?
- Was habe ich davon, wenn ich mich verhalte, wie „man" sich verhält? Was habe ich davon, wenn ich all die Erwartungen, die an mich herangetragen werden, erfülle? Welchen Gewinn ziehe ich daraus? Was will ich vermeiden? Vor was habe ich Angst?
- Welche Faktoren bestimmen die Entscheidungen, die ich treffe?
  - Entscheidungen, die in den letzten Wochen oder Monaten anstanden – nach welchen Kriterien habe ich entschieden?
- Entscheidungen, die vor mir liegen: Nach welchen Faktoren will ich entscheiden? – (Detailliertere Fragestellungen dazu im Abschnitt „Streben nach Sicherheit . . .)

▪ Kenne ich die unbewussten Botschaften in meinem Leben? Möchte ich mich da auf Spurensuche begeben?

▪ Wie will ich von anderen gesehen werden? Welches Bild habe ich von mir?

2 Das Ja zu mir

Wie will ich von anderen gern gesehen werden? Welches Bild habe ich von mir? – Diese beiden Fragen standen am Ende des ersten Kapitels. Für dieses Kapitel möchte ich eine dritte Frage hinzufügen: Bin ich wirklich dieser Mensch? Bin ich wirklich so, wie ich von anderen gern gesehen werden möchte? Echt sein, mit mir selbst im Einklang leben – das hat viel zu tun mit Wahrhaftigkeit und mit dem Bemühen, ehrlich zu sein. Wer sich auf den Weg macht zu sich selbst, kommt an einer ehrlichen „Selbstprüfung" nicht vorbei.

Ehrlich werden vor sich selbst

So eine „Selbstprüfung" ist wie ein Blick in den Spiegel. Es ist, wie wenn ich nackt vor dem Spiegel stehe und mich betrachte, wie ich wirklich bin: ohne Kleidung, die meine Figur vorteilhafter machen würde, ohne Make-up, das so manche Unvollkommenheit überdecken kann. Ich muss mich mir selbst und meiner eigenen Wahrheit stellen. Das ist nicht unbedingt nur angenehm. Ich muss mich bei dieser Betrachtung auch unangenehmen Wahrheiten stellen. Das ist unter Umständen mit Schmerz oder auch Enttäuschung über mich selbst verbunden. Außerdem erfordert es Konsequenzen für mein zukünftiges Verhalten. Denn das Ziel dieser Selbstprüfung ist ja letztlich, die erkannten Wahrheiten auch umzusetzen.

Vielleicht denkt mancher, er sei ein Mensch, der mit allen gut auskommt. Wenn dann in Beziehungen Spannungen auftreten, dann müssen daran natürlich die anderen schuld sein. Ich selbst bin ja ein sooo friedfertiger Mensch! Stimmt das wirklich? Könnte es nicht auch sein, dass ich selbst der Anlass zum Ärger bin? Dass mein Verhalten der Grund dafür ist, dass andere sich an mir reiben?

Mir ist eine Situation noch deutlich in Erinnerung, durch die ich das Bild, das ich von mir selbst hatte, gründlich revidieren musste. Es ging um die Höhe eines Honorars, das ich für einen bestimmten Dienst bekommen sollte. Als es an die Auszahlung ging, stellte ich fest, dass das Honorar niedriger war, als am Anfang zugesagt worden war. Zuerst dachte ich: Ich streite mich doch nicht um Geld! Da stehe ich doch drüber! Bis ich mich dabei ertappte, dass ich permanent innere Dialoge mit dem Mitarbeiter führte, der dafür zuständig war. Es waren nicht gerade liebevolle Dialoge. In Gedanken suchte ich ihm ständig zu beweisen, dass er doch völlig falsch lag. Ich musste schließlich vor mir selbst zugeben, dass ich doch nicht in dem Maß über dem Geld stand, wie ich es mir eingebildet hatte und wie ich es natürlich auch gern von mir gesehen hätte. Ich musste zugeben, dass das Ganze mich unheimlich ärgerte. Ich merkte auch, dass es mir nicht unbedingt um den materiellen Wert ging, sondern vielmehr um die Anerkennung, die mit der Höhe des Honorars verbunden war. Für mich war das ein schmerzlicher Prozess. Das Bild eines großmütigen Menschen, das ich von mir hatte, war wie eine Seifenblase geplatzt. Ich kam nicht darum herum, noch einmal ein ehrliches Gespräch mit diesem Mitarbeiter zu führen, in dem ich auch zugeben musste, wie es mir mit der ganzen Sache ging. Nur so konnte der Frieden zwischen uns wiederhergestellt werden.

So hält uns das Leben manchmal selbst seinen Spiegel vor. Aber auch andere Menschen können so ein Spiegel sein, wenn es darum geht, ein möglichst realistisches Bild von sich selbst zu bekommen. In einem vertrauten Kreise kann ich vielleicht die anderen einmal bitten, mir offen zu sagen, wie sie mich sehen. Mir zu sagen, was ihnen an mir gefällt, aber auch, wo sie Probleme mit mir haben. Ich muss mir dann nicht unbedingt jeden „Schuh anziehen", aber ich bekomme noch einmal eine andere Sichtweise meiner Person. Es gibt ja Dinge im eigenen Verhalten, die einem selbst gar nicht bewusst sind, die andere aber durchaus bemerken – im Positiven wie im Negativen. Man nennt das den „blinden Fleck". Jeder hat solch einen blinden Fleck. Ich kann ihn verkleinern, wenn ich offen bin für den Blick, mit dem andere mich sehen.

Eine Hilfe zur Selbsterkenntnis können auch Persönlichkeitsmodelle sein. Persönlichkeitsmodelle sind immer Hilfskonstruktionen und können einen Menschen nie ganz beschreiben, weil jeder Mensch anders ist. Aber doch kann man bei verschiedenen Menschen ganz bestimmte Charakterstrukturen entdecken, die irgendwie typisch sind. Das Gute an solchen Modellen ist, dass bestimmte Charaktere immer mit ihren Vorzügen, aber auch den dazugehörigen Schattenseiten dargestellt werden. Das könnte mir helfen, sowohl mich selbst, aber auch andere Menschen besser zu verstehen und anzunehmen: Wenn ich eine ganz bestimmte Persönlichkeitsstruktur habe, dann gehört nun einmal diese Seite, mit der ich mich schwer tue, dazu. Niemand hat nur Gaben. Jeder hat Gaben und Grenzen.

Verbunden mit dem ehrlich Werden vor sich selbst ist das Ehrlich-Werden vor Gott. Wir sagen zwar sehr schnell: „Gott nimmt mich an, wie ich bin", aber in Wirklichkeit wollen wir auch vor Gott gut dastehen. Wie oft sagen Menschen im seelsorgerlichen Gespräch zu mir: „Wenn ich das und das wieder in Ordnung gebracht habe, dann erst kann ich wieder zu Gott kommen. Erst, wenn wieder alles in Ordnung ist, dann wird mich Gott annehmen."

Das Bemühen, „alles richtig zu machen", scheint uns irgendwie eingepflanzt. Andere arbeiten unheimlich viel für Gott, um dann sagen zu können: „Schau mal Gott, was ich alles für dich tue. Jetzt musst du mir doch einen Platz bei dir geben." Vielleicht merken wir, dass wir damit gar nicht so weit entfernt sind von dem Pharisäer in der Geschichte in Lukas 18 vom Pharisäer und Zöllner. Auch der Pharisäer zählt Gott auf, was er alles für ihn tut.

Ehrlich werden vor Gott heißt, die Haltung des Zöllners anzunehmen. „Da, Gott, schau her: So ein Mensch bin ich. Da ist schon manches Gute in meinem Leben, aber da gibt es auch eine Menge, was nicht in Ordnung ist, vor allem in meinen Gedanken und in meinen Motiven. Und wenn ich an das größte Gebot denke, das du uns gegeben hast, die Liebe zu dir und die Liebe zu mir und meinen Nächsten – da muss ich viele Versäumnisse feststellen." In der Fachsprache nennt man so etwas „beichten". Beichten klingt für uns irgendwie nach Mittelalter und Druck und Zwang. Aber im Grunde meint es genau dies: Vor Gott zu stehen und nichts zu beschönigen.

Die Dinge zugeben, wie sie sind. Dann gilt uns wie dem Zöllner die Zusage der Vergebung Gottes. „Und der Zöllner ging gerechtfertigt hinab in sein Haus", schließt Jesus sein Gleichnis. Ich kann so eine Beichte allein vor Gott vollziehen. Manchmal ist es aber auch eine Hilfe, dies vor einem Menschen zu tun, der dann im Namen Gottes mir zusagt: „Dir sind deine Sünden vergeben. Du bist bei Gott angenommen." Wenn ich diese Zusage von jemand anderem gehört habe, habe ich etwas, an das ich mich immer wieder halten kann, wenn mir Zweifel kommen, ob mir wirklich vergeben ist: „Doch – damals ist es mir zugesagt worden." Doch gültig vor Gott ist beides gleich, ob ich für mich selbst die Zusage Gottes annehme oder ob ich sie von einem anderen zugesagt bekommen habe.

Mich selbst annehmen

Beichte in dem oben genannten Sinn hat sehr viel damit zu tun, ja zu sich selbst zu sagen. Wenn Gott mich annimmt, wie ich bin, dann kann ich mich selbst auch annehmen, wie ich bin – sollte man meinen. In der Regel ist dies aber nicht so einfach getan, wie es gesagt ist. Die theologische Richtigkeit dieses Zusammenhangs leuchtet uns schnell ein. Trotzdem dauert es oft lange, bis diese Wahrheit zu einer erlebten Erfahrung wird, die unser ganzes Wesen erfasst, die unser ganzes Lebensgefühl prägt. Doch ist Selbstannahme die entscheidende Grundlage überhaupt dafür, dass ich echt sein kann, dass ich ich selbst sein kann. Nur die Selbstannahme macht mich frei davon, mich ständig zu bemühen, das schöne Bild aufrechtzuerhalten, das ich mir von mir selbst gemacht habe. Ich kann aufhören, ständig eine bestimmte Rolle zu spielen, um nur bloß diesem Bild nicht zu schaden. Wer für sich selbst zu einem authentischeren Leben kommen will, für den geht kein Schritt daran vorbei zu lernen, sich mehr und mehr selbst anzunehmen.

Warum fällt es uns so schwer, uns selbst anzunehmen? Ich denke, zunächst sind es zwei Missverständnisse, die mit dem Wort „sich selbst annehmen" oder „sich selbst akzeptieren, wie man ist" verbunden sind.

▣ **Missverständnis Nummer 1:** Man gibt dem Wort „akzeptieren" die Bedeutung: Ja, so ist es gut. Doch meint das Wort akzeptieren nur: Ja, so ist es. Es meint, die Realität anzunehmen, egal ob sie gut oder schlecht ist. Es meint die einfache Feststellung: „Ja, so ist es" oder: „Ja, so bin ich." Es meint, die Dinge zu akzeptieren, wie sie sind, und nicht darauf zu warten, bis sie so sind, wie ich sie gern hätte. Insgeheim denken wir doch oft, wenn ich das und das in meinem Leben verändert habe, dann kann ich mich akzeptieren. Doch sich selbst anzunehmen meint, die Dinge heute zu nehmen, wie sie heute sind. Es meint, meine Wirklichkeit als Tatsache anzuerkennen – und dazu gehören meine guten Seiten ebenso wie die weniger guten.

Die guten Seiten anzunehmen ist leichter. Doch selbst da haben wir manchmal schon Probleme. Wer sagt schon gern frei heraus: „Das kann ich gut!"? Wir haben Angst, man könnte uns für hochmütig halten. Doch zur Selbstannahme gehört auch das Selbstvertrauen, das Vertrauen in die eigene Kompetenz. Schließlich hat Gott uns Gaben und Fähigkeiten gegeben. Das sollten wir annehmen und unsere Gaben und Fähigkeiten einsetzen. Wenn uns etwas gut gelungen ist, sollten wir uns hinterher nicht scheuen zu sagen: „Ja, das ist mir gut gelungen." Oder wenn ein anderer zu mir sagt: „Das hast du gut gemacht", kann ich mit einem einfachen „Oh, danke!" antworten, anstatt mit irgendwelchen abschwächenden Bemerkungen, dass ich eben Glück gehabt habe oder dass es doch nichts Besonderes gewesen sei oder so ähnlich.

Mir selbst zuzugestehen, dass mir etwas gut gelungen ist, oder das Lob von anderen gelten zu lassen – das ist die Nahrung, durch die das Vertrauen in die eigene Kompetenz wachsen kann. Wir sollten unser Licht nicht unter den Scheffel stellen, wenn nach Mitarbeit bei Aufgaben gefragt wird, die gewisse Fähigkeiten voraussetzen. Wenn man sich heute für eine Stelle bewirbt, ist es unerlässlich, sich mit seinen Gaben und Fähigkeiten, mit der eigenen Kompetenz zu präsentieren.

Seine negativen Seiten anzunehmen, ist nochmals schwerer. Ich möchte das noch einmal an einem eigenen Beispiel darstellen. Eine meiner weniger guten Seiten ist, dass ich Dinge – und auch Menschen – oft negativ beurteile. Es kann sein, dass ich eine Veranstaltung besucht habe, die zu 90 Prozent gut war und nur 10 Prozent waren nicht gut. Wenn mich dann jemand fragt, wie es gewesen sei, werde ich wahrscheinlich sehr ausführlich von den 10 Prozent erzählen, die nicht so gut waren, und nur sehr wenig von den 90 Prozent, die gut waren. Auch bei Menschen fällt mir oft viel schneller auf, was weniger gut ist, und ich verliere leicht das Positive an ihnen aus dem Blick. Das hat zur Folge, dass ich auch leicht der Versuchung erliege, negativ über andere zu reden. Und dazu soll ich Ja sagen? Das ist doch nicht gut! Das ist doch Sünde! Und Ja sagen meint eben genau dies: „Ja, ich bin ein Sünder." Ich bin Sünder und Gerechter (gerecht Gesprochener) zugleich, wie Luther es formuliert hat.

■ **Missverständnis Nummer 2:** Man meint, wenn man die Dinge akzeptiert, wie sie sind, dann könne man auch so bleiben, wie man ist. „So bin ich halt – und so müsst ihr mich nehmen." Man meint, eine Änderung sei dann nicht mehr nötig. Doch das ist nicht gemeint. Eine Geschichte im Johannesevangelium (Kapitel 8) macht dies für mich sehr deutlich: Eine Ehebrecherin wird auf frischer Tat ertappt. Sie soll gesteinigt werden. Jesus fordert die Umstehenden auf, dass der den ersten Stein werfen solle, der ohne Schuld ist. Niemand wirft und einer nach dem anderen geht weg. Da fragt Jesus zum Schluss die Frau: „Hat dich niemand verdammt?" „Nein, niemand", sagt sie. Da sagt Jesus zu ihr: „Dann verdamme ich dich auch nicht; gehe hin und sündige hinfort nicht mehr." Du bist nicht verdammt, du bist angenommen – aber du musst nicht so bleiben, wie du bist.

Die Selbstannahme ist der einzig realistische Ausgangspunkt für eine Veränderung überhaupt. Denn dann sehe ich die Dinge, wie sie sind, und kann überlegen, was ich daraus mache. Solange ich sage: „Das darf nicht sein", schiebe ich die Dinge von mir weg, schaue sie nicht an und verdränge sie. Doch an verdrängten Verhaltensweisen kann ich nicht arbeiten, denn ich muss ja so tun, als seien sie nicht da.

Der Haupthinderungsgrund dafür, uns so anzunehmen, wie wir sind, liegt wohl darin, dass wir in unserer Kindheit sehr viel Lob und

Anerkennung bekommen haben, wenn wir etwas gut und richtig gemacht haben, und eben getadelt oder bestraft wurden, wenn wir etwas falsch gemacht haben. So entwickelt sich die Vorstellung: Wenn ich meine Sache gut mache, bin ich akzeptiert, wenn ich meine Sache falsch mache, werde ich abgelehnt.

Das soll kein Vorwurf an Erzieher sein. Denn wie sonst will man Kindern beibringen, was gut und böse, was Recht und Unrecht ist, wenn nicht durch Lob und Tadel? Aber unbemerkt geschieht hier eine Verschiebung: Was als Bewertung eines bestimmten *Verhaltens* gemeint ist, wird verstanden als ein Werturteil über eine *Person.* Sehr viele Menschen bringen dieses Missverständnis aus ihrer Kindheit mit. Das, was dazu einen Ausgleich hätte schaffen können, ist bei vielen einfach zu kurz gekommen, nämlich, wenn Eltern zu ihren Kindern sagen: „Wir sind so froh, dass wir dich haben." – „Wie schön, dass es dich gibt." – unabhängig davon, wie ein Kind sich verhält.

Wie kann man diese Wertung – ich mache etwas gut, also bin ich gut; ich mache etwas schlecht, also bin ich schlecht – im Erwachsenenalter überwinden? Ich habe – auch nach langem Nachdenken – keinen Weg außer dem geistlichen Weg finden können. Natürlich hilft es uns, uns selbst anzunehmen, wenn andere uns signalisieren: „Du, ich finde es toll, dass es dich gibt", oder: „Es freut mich, dass gerade du zu unserer Gruppe gehörst." Sätze wie diese sollten wir uns viel häufiger sagen, weil dadurch tatsächlich unser Selbstwertgefühl gestärkt wird. Aber diese Art von „Positivbotschaften" genügt meistens nicht, um das Defizit, das viele in ihrem Selbstwertgefühl mitbringen, dauerhaft auszufüllen.

Manche Menschen bringen ein relativ gutes Selbstwertgefühl mit, weil sie von den Eltern viel Liebe, Annahme und Ermutigung erfahren haben. Andere haben an dieser Stelle ein größeres Defizit und suchen im Erwachsenenalter immer noch nach Menschen, die ihnen die Annahme und Zuwendung geben sollen, die in ihrer Kindheit gefehlt hat. Doch nach meiner Erfahrung können Menschen diesen „Liebeshunger" nur bruchstückhaft stillen. Ein tiefes Gefühl des Angenommenseins kann ich als Erwachsener – so ist meine Erfahrung – nur in einer tiefen Beziehung mit Gott erleben, indem ich das, was Gott über mich sagt, mehr und mehr gelten lasse und mein Lebensgefühl davon mehr und mehr bestimmt wird.

Das Ja Gottes zu mir verinnerlichen

Wir Christen haben ein Problem mit den Zusagen Gottes, die wir in der Bibel finden. Wir lesen den Text und sagen: „Stimmt." Und dabei bleibt es. Das Wort bleibt im Kopf. Es dringt nicht ins Herz. Es wird kein Bestandteil unseres Lebensgefühls. Dass Gott sein Ja zu uns sagt, das ist wohl für die meisten nichts Neues – wohlbekannt. Doch wie wird dieser Satz mehr für uns als eine „Information"? Wie kommt es dazu, dass dieses Ja Gottes mein Leben, auch mein Lebensgefühl, bestimmt? Wie weit bestimmt es mein Denken über mich und darüber, wie ich mich selbst sehe?

Es ist eine alte Erfahrung, dass Menschen sich stärker prägen lassen von Bildern und Geschichten als von theoretischen Lehrsätzen. Deswegen lebe ich gern mit biblischen Geschichten, die solche Zusagen Gottes „verbildlichen". Ich liebe die Geschichte vom verlorenen Sohn (Lukas 15), in der dieses Ja Gottes zu mir für mich ganz besonders deutlich zum Ausdruck kommt. Wenn ich diesen Text „betrachte", stelle ich mir immer ganz besonders eine Szene vor Augen: den Moment, in dem der Sohn das Haus des Vaters erreicht.

Wenn ich selbst diese Geschichte geschrieben hätte, hätte sich das Ganze etwa so abgespielt: Der Vater sieht den Sohn kommen und sagt zu ihm: „Jetzt geh erst einmal ins Haus und wasche dich. Dann kannst du kommen und dich ordentlich entschuldigen. Und dann werden wir weitersehen." Erst dann hätte der Vater in meiner Geschichte den Sohn schließlich auch in die Arme genommen.

Die Geschichte in der Bibel verläuft ganz anders: Der Sohn kommt zurück – kommt direkt von den Schweinen. Ich nehme kaum an, dass er sich unterwegs geduscht hat. Er hat mit ziemlicher Sicherheit fürchterlich gestunken und war dreckig von oben bis unten. Was tut der Vater? Er rennt – mit einer für sein Alter völlig ungebührlichen Eile – dem Sohn entgegen, und ehe der seine Entschuldigung vorbringen kann, nimmt der Vater ihn – stinkend und dreckig wie er ist – in die Arme. Keine Vorbehalte. Keine Ermahnungen. Kein versteckter Groll. Einfach eine Geste, die sagt: „Ich bin so froh, dass du wieder zu mir gekommen bist." Das In-Ordnung-Bringen kommt erst danach.

Ich stelle mir oft vor, ich sei dieser Sohn, beziehungsweise die Tochter. Ich versuche in meiner Vorstellung die Umarmung zu spüren, mit der der Vater sein Kind umarmt. Und ich mache mir klar: Egal, wie ich komme, egal, welchen Straßenstaub oder Stallgeruch ich an mir trage . . . der Vater hält seine Arme auf. Er freut sich, dass ich überhaupt zu ihm komme. Wie diesem Sohn im Gleichnis gilt Gottes Ja auch mir.

Dies ist eine Möglichkeit, die Zusagen Gottes vom Kopf ins Herz zu transportieren: indem ich in eine solche Geschichte „hineingehe". Indem ich Teil einer Geschichte werde und mit dieser Geschichte etwas erlebe. Es gibt andere Möglichkeiten, Gottes vorbehaltlose Liebe, sein Ja zu mir zu verinnerlichen. Ich möchte nur einige Beispiele dafür nennen, es gibt unendlich viel mehr:

- Ich kann mir einen Bibelvers, der dieses Ja Gottes zu mir ausdrückt, auf meinen Schreibtisch stellen oder an den Küchenschrank heften, wo ich ihn immer wieder sehe und bedenken kann. Johannes 15,9: „Gleichwie mich mein Vater liebt, also liebe ich euch auch. Bleibet in meiner Liebe!", könnte zum Beispiel ein solcher Vers sein.

- Vor jeder Gebetszeit, die ich persönlich halte, bleibe ich zunächst ein paar Schritte vor dem Platz, an dem ich mich setzen (oder knien) will, stehen. Ich sehe mich in Gedanken schon da sitzen und versuche mir vorzustellen, wie Gott mich jetzt ansieht – nämlich mit liebenden Augen.

- Ich verbinde eine bestimmte Tätigkeit, die ich oft verrichte, mit einer Erinnerung an die Zusage Gottes, dass er Ja zu mir sagt. So kann ich mir zum Beispiel vornehmen, jedes Mal, wenn ich durch die Eingangstür in meine Firma gehe, zu denken: „Ich bin willkommen auf dieser Welt." Manchem mag diese Übung etwas eigenartig erscheinen. Doch eigentlich geht es um nichts anderes als darum, „Drandenker" zu schaffen, die mich erinnern, mich jeden Tag für ein paar Augenblicke für Gott und für seine Zusagen zu öffnen und sie in mein Leben hineinzunehmen. Jeder weiß selbst, wie schnell man tagsüber vergisst, was man morgens in der Bibel oder im Losungsbuch gelesen hat. Die Verbindung einer immer wiederkehrenden Tätigkeit mit einer Zusage Gottes ist wie ein ständiges Erinnern, Erinnern an ein Wort Gottes, das ich dadurch in meinem Leben als verändernde Kraft erweist. Es ist eine Art von Meditation, durch die ich dem Wort Gottes Raum in meinem Leben verschaffe, damit dieses Wort mein Leben prägen und gestalten kann.

Meditation ist ein Weg, um Gottes Zusagen zu verinnerlichen. Meditation meint unter anderem Wiederholung. Ein Wort immer wieder zu bedenken, im Herzen zu bewegen (wie es von Maria gesagt wird) oder eine Geschichte immer wieder anzuschauen. Auch wenn manchen die vorgeschlagenen Übungen vielleicht etwas fremd anmuten, mache ich Mut, sich einmal auf so etwas einzulassen. Denn die Erfahrung, dass dadurch tatsächlich Veränderung geschieht, kann man nur machen, wenn man es ausprobiert. Auch darf man keine „schnellen Erfolge" erwarten. Alle Veränderung geschieht wachstümlich und braucht Zeit. Das gilt auch für den Prozess, in dem ich mich bemühe, mich selbst mehr und mehr anzunehmen, und in dem ich mich darauf ausrichte, mehr und mehr zu entfalten, was Gott an Gaben und Möglichkeiten in mein Leben hineingelegt hat.

Helfen auf dem Weg der Selbstannahme kann mir auch, dass ich jemanden bitte, ganz speziell um Gelingen oder Hilfe auf meinem Weg der Selbstannahme für mich zu beten. Ein anderer kann mir dann zusagen: „Du bist von Gott gewollt, du bist von Gott geliebt und du wirst auf dieser Welt gebraucht." In manchen Gemeinden werden Segnungsgottesdienste gefeiert. Mich für dieses Anliegen segnen zu lassen, kann mir ebenso auf meinem Weg helfen.

Meine Lebensgeschichte annehmen

Zur Selbstannahme gehört es auch, ein Ja zu finden zur eigenen Lebensgeschichte. Ich weiß nicht, wie es Ihnen geht, aber in meiner Phantasie gibt es eine „Ideal-Lebensgeschichte", die von einem Leben erzählt, wie ich es gerne hätte. Die sieht etwa so aus: Ich bin in eine sehr kultivierte Familie hineingeboren. Meine Eltern verfügen beide über eine gute Bildung. Sie haben uns Kindern viel davon weitergegeben und uns schon frühzeitig mit Musik, Theater und Kunst in Berührung gebracht. Bei uns wurde viel Hausmusik gemacht. Bei Tisch gab es immer sehr interessante Gespräche über Politik und Gesellschaft. Oft kamen interessante Menschen zu uns zu Besuch und auch wir Kinder hatten Kontakt zu ihnen . . .

Meine wirkliche Lebensgeschichte sieht sehr viel anders aus. Meine ersten Lebensjahre sind gekennzeichnet von einer durch Krieg und Nachkriegszeit auseinandergerissenen Familie. Kultur war da kein großes Thema. Es ging ums Überleben. Eine meiner frühesten Kindheitserinnerungen ist die, dass man meinen Großvater, der durch einen Unfall geistig behindert war, und mich auf die Dörfer zu den Bauern geschickt hat, um Lebensmittel zu erbetteln. Ich war damals ungefähr vier Jahre alt. Wahrscheinlich meinten meine Mutter und meine Großmutter, dass so ein behinderter alter Mann und ein kleines Kind die Herzen der Bauern berühren würden und sie eher bereit wären, etwas zu geben.

Wenn ich daran denke, schmerzt mich das heute noch. Doch es ist Teil meiner Geschichte. Ändern kann ich daran nichts mehr. Ich kann nur dazu stehen und diese schmerzliche Erinnerung als zu meinem Leben gehörend akzeptieren. Meine Lebensgeschichte annehmen heißt, meine Vergangenheit anzuschauen mit allem Gutem, was darin lag, und dafür zu danken. Es heißt aber auch, das Schwierige in meiner Vergangenheit anzuschauen, auch das, wofür ich mich schäme und was ich am liebsten niemandem sagen würde. Das wird nicht ohne Schmerzen und Trauer abgehen. Und auch dies ist ein Weg, für den man sich Zeit lassen soll. Aber irgendwann sollte der Punkt kommen, wo ich sage: „Ja, so war es. Das ist meine Geschichte. Ich kann sie rückwirkend nicht mehr ändern. Ich will sie akzeptieren.

Und ich will den Menschen vergeben, die im Laufe dieser Geschichte an mir schuldig geworden sind. Und jetzt will ich schauen, was ich heute daraus machen kann."

Es hat Folgen, wenn ich meine Lebensgeschichte oder meine heutigen Lebensumstände nicht annehme:

■ 1. Nehme ich meine Geschichte nicht an, bleibe ich in der Vergangenheit stecken. Die Versuchung ist dann groß, ständig „die Umstände", „das Schicksal" oder irgendeine andere Größe für das Unglück in meinem Leben verantwortlich zu machen. Es wird dann viele Sätze in meinem Leben geben, die mit „wenn" beginnen: „Wenn ich in eine andere Zeit hineingeboren wäre, dann hätte ich ganz andere Bildungschancen gehabt . . ." oder: „Wenn ich nicht auf diesem Dorf aufgewachsen wäre, hätte ich zu ganz anderen Leuten Kontakt gehabt und mein Leben wäre heute ganz anders . . ." oder: „Wenn meine Eltern nicht so ängstlich besorgt um mich gewesen wären, wäre ich heute viel mutiger . . ." Vielleicht versuchen Sie selbst einmal, diesen „Wenns" in Ihrem Leben auf die Spur zu kommen. Denn diese „Wenns" haben etwas Lähmendes, etwas Resigniertes. Weil dies oder jenes damals so war, habe ich heute keine Chancen mehr, mein Leben in andere Bahnen zu lenken. Der „Zug ist abgefahren". Ich bin in mein Unglück eingeschlossen. Aber in der Resignation übersehe ich leicht die Chancen, die im Heute liegen. Die Vergangenheit kann ich nicht ändern, aber ich kann heute etwas ändern, was für meine Zukunft Früchte trägt.

■ 2. Kann ich die Lebensumstände, in denen ich heute lebe, so verändern, dass mein Leben erfüllender, glücklicher, authentischer wird? Das ist eine spannende Frage, wenn es darum geht, wie es mir gelingt, im Einklang mit mir selbst zu leben. Viele werden sagen, dass ihre Lebensumstände ihnen gar keine Möglichkeit lassen, ihr Leben nach ihren eigenen Vorstellungen zu gestalten und mehr sie selbst zu sein. Da ist eine junge Familie, die mit den Eltern in einem Haus wohnt. Das junge Ehepaar beklagt sich, dass sich die Eltern in alles einmischen. Sie bestimmen, was die Kinder zu tun und zu lassen haben, sie legen ihr Veto ein, wenn zu viele Gäste zu Besuch kommen, sie bestimmen, dass am Wochenende im Garten gearbeitet wird und so weiter. Ich schlage den beiden vor, doch auszuziehen und sich woanders eine Wohnung zu nehmen. „Nein", sagen sie, „das geht nicht. Erstens sparen wir eine Menge Geld, wenn wir bei den Eltern wohnen. Wir könnten uns dann vieles gar nicht mehr leisten. Und außerdem: Wie würde das im Dorf aussehen, wenn wir ausziehen. ‚Was ist denn bei denen los?', würden die Leute sagen. Das können wir unseren Eltern nicht zumuten."

So stellt sich die Frage anders: Kann ich die Umstände, die mich hindern, ich selbst zu sein, tatsächlich nicht ändern? Oder wage ich es nur nicht? Vielleicht ist mir der Preis zu hoch oder ich scheue den Konflikt, der damit verbunden ist. Die Antwort darauf kann sich jeder nur selbst geben. Das Ehepaar im genannten Beispiel wollte ein „Rezept" wissen, wie sie bewirken könnten, dass die Eltern sich ändern. Doch dass sich Umstände dadurch verändern, dass sich andere verändern – das funktioniert höchst selten, auch wenn das oft unsere „Wunschlösung" ist, wenn wir uns in widrigen Umständen vorfinden.

■ 3. Doch gibt es natürlich Lebensumstände, die sich tatsächlich nicht ändern lassen. Sehr beeindruckend schildert der Psychiater und Begründer der Logotherapie Viktor Frankl eine solche Situation in seinem Buch „Trotzdem ja zum Leben sagen". Er beschreibt darin die Erfahrungen, die er als Gefangener während der Hitlerzeit im KZ gemacht hat. Konzentrationslager – das waren Lebensumstände, an denen er wahrhaftig nichts ändern konnte, Umstände, in denen – mit Gewalt – über ihn verfügt wurde. Es ist interessant, wie unterschiedlich die Menschen auf diese schreckliche Situation reagiert haben. Viele haben sich aufgegeben. Viele sind verzweifelt. Viele haben versucht, sich irgendwie mit der Situation zu arrangieren. Von Viktor Frankl hat man den Eindruck, dass er trotz des Grauens, das ihn umgab und dem er ausgeliefert war, er selbst geblieben ist. Er ist sich selbst treu geblieben. Er hat sich auch in diesen unmenschlichen Verhältnissen so verhalten, dass er die Achtung vor sich selbst nicht verloren hat.

„Ich selbst sein" heißt, in den vorgegebenen und vielleicht nicht veränderbaren Lebensumständen mir selbst treu zu sein, im Einklang mit mir selbst zu leben. Die Frage ist nicht in erster Linie, wie die Umstände sind, sondern wie ich *in* diesen Umständen mein Le-

ben gestalte. Es ist die Frage, ob ich auch angesichts schwieriger
Situationen mir selbst treu bin, zu meinen Überzeugungen stehe und
mich so verhalte, dass ich mich mit Selbstachtung im Spiegel
betrachten kann. Die Frage nach einem glücklichen oder erfüllten
Leben ist nicht in erster Linie eine Frage danach, wie meine Lebensumstände sind, sondern wie ich in diesen Umständen mein Leben
meistere. Es gilt, meinen Lebensraum so zu gestalten, dass ich sagen
kann: „Ja, so stimmt das für mich. Ich meistere meinen Alltag auf
eine Art, bei der ich ich bleibe" – auch wenn es nicht die optimale
Lebenssituation ist, die ich mir vorstellen könnte.

Wenn ich mich so *in* meinen Lebensumständen bewähre und meine Lebensgeschichte akzeptiere, wird in mir das Gefühl wachsen,
dass ich etwas wert bin. Dieses Gefühl, etwas wert zu sein, wird
wiederum das Zutrauen zu mir selbst stärken: „Es ist gut, dass ich da
bin. Ich werde auf dieser Welt gebraucht. Ich habe auf dieser Welt einen Beitrag zu leisten – einen ganz originellen Beitrag, den nur ich
leisten kann."

Durch das Zutrauen, dass ich zu mir selbst gewinne, kann ich
auch mehr und mehr die Stützen loslassen, die ich bisher für mein
Selbstwertgefühl gebraucht habe: Anerkennung von anderen – Statussymbole – materiellen Besitz – Sicherheit – etwas Besonderes sein
– oder was auch immer es sein mag. Es wird nicht so sein, dass all
diese Dinge gar keine Rolle mehr in meinem Leben spielen. Doch ich
werde unabhängiger davon werden. Ich bin nicht mehr unbedingt
darauf angewiesen. Ich freue mich, wenn ich Anerkennung bekomme. Aber ich werde nicht mehr jeden Preis dafür bezahlen, sie zu er-
langen. Ich kann es aushalten, wenn mir Anerkennung versagt bleibt,
und werde trotzdem meine innere Überzeugung nicht verlieren, dass
ich etwas wert bin.

Zum Weiterdenken

▓ Zwei Anregungen, um sich selbst besser kennen und annehmen zu lernen:

1. Ich beschäftige mich mit einem Persönlichkeitsmodell. „Typen und Temperamente" von Reinhold Ruthe (Brendow, Moers, ²1999) könnte ein guter Einstieg sein. Etwas umfangreicher: Friedbert Gay (Hg.): DISG-Persönlichkeitsprofil. Verstehen Sie sich selbst besser, schöpfen Sie Ihre Möglichkeiten aus, entdecken Sie Ihre Stärken und Schwächen. Brockhaus, Haan ¹⁸2001.

Man kann das auch gemeinsam zum Beispiel im Hauskreis tun. Das Gespräch mit den anderen kann eine notwendige Korrektur (oder auch Bestätigung) des eigenen Selbstbildes bedeuten. Denn Selbsteinschätzung (wie sehe ich mich selbst) und Fremdeinschätzung (wie sehen mich die anderen) sind nicht unbedingt identisch.

2. In einer vertrauten Runde offen darüber reden, wie jeder den anderen sieht – unter den Stichpunkten: „Was mir an dir gefällt" und „Wo ich Mühe mit dir habe".

Ein solches „Gespräch" kann man auch schriftlich führen, das fällt manchen vielleicht leichter: Jeder in der Gruppe legt ein großes Blatt Papier vor sich hin, schreibt seinen Namen darauf und unterteilt das Blatt in zwei Spalten: „Was mir an dir gefällt" und „Was mir an dir nicht gefällt". Jeder von der Gruppe, der möchte, schreibt mir nun etwas auf mein Blatt und ich schreibe den anderen etwas auf ihr Blatt. Die Spielregel ist, dass man nur etwas in beide Spalten schreiben darf. Wenn ich auf der positiven Seite nichts weiß, darf ich auch auf die negative Seite nichts schreiben und umgekehrt. Anschließend kann man in Zweier-Gesprächen darüber reden. Wichtig ist der Schlusssatz, der dazu gehört: „Danke, dass ihr es mir gesagt habt. Ich will es auch bedenken. Doch bin ich nicht dazu auf der Welt, um so zu sein, wie ihr mich haben wollt." Also: Danke für eure Hilfe, meinen „blinden Fleck" besser zu erkennen. Was ich aber dann verändern will – das ist meine Entscheidung.

Es soll noch einmal betont werden: So etwas kann man nur in einer Gruppe machen, in der Vertrauen untereinander gewachsen ist.

Es geht nicht darum, den anderen endlich einmal die Meinung zu sagen, sondern es geht darum, einander zu helfen, in der eigenen Persönlichkeit zu wachsen. Es ist sozusagen ein Dienst der Liebe, denn meinen „blinden Fleck" kann ich nur mit Hilfe anderer erkennen.

■ Im Text sind einige geistliche Übungen genannt, die mir helfen können, das Ja Gottes zu mir zu verinnerlichen. Welche möchte ich einmal ausprobieren? Vielleicht kenne ich weitere solcher Übungen. Die Frage bleibt: Was möchte ich praktizieren? Wann? Wie oft? – Formulieren Sie Ihren Entschluss möglichst konkret – sonst besteht die Gefahr, dass es ein „guter Vorsatz" bleibt . . .

■ Ich erzähle meine Lebensgeschichte einem anderen Menschen. Natürlich werde ich mir als Gesprächspartner jemanden suchen, der mein Vertrauen genießt. Im Gespräch kann ich selbst entdecken, ob ich zu meiner Geschichte stehen kann. Auch diese Übung kann man in einer Gruppe machen. Dann hat es einen weiteren positiven Effekt: Wenn ich die Lebensgeschichte eines Menschen kenne, kann ich ihn in der Regel in seinem heutigen Verhalten besser verstehen. Gegenseitiges Verstehen und Annehmen kann so gefördert werden.

3 Ich und die anderen

Das Ja Gottes zu mir gelten lassen, mich selbst annehmen – das könnte ich auch benennen mit: mich selbst lieben. Doch ist Selbstliebe ein ähnlich problematisches Wort wie das Wort Selbstverwirklichung. Selbstliebe meint auf der einen Seite Selbstannahme und somit etwas Positives. Auf der anderen Seite gebrauchen wir das Wort Selbstliebe aber auch in der Bedeutung von Selbstsucht, was eindeutig negativen Charakter hat. Genau genommen liebt aber ein selbstsüchtiger Mensch sich gerade nicht. Selbstsüchtige Menschen haben ein inneres Defizit an Liebe. Und das versuchen sie dadurch auszugleichen, dass sich ständig alles um sie drehen muss, dass alle anderen nach ihrer Pfeife tanzen sollen oder sie immer im Mittelpunkt stehen müssen. Von dieser Doppeldeutigkeit des Wortes Selbstliebe kommt es wohl auch, dass Menschen, die sich auf den Weg zu sich selbst machen, schnell in den Geruch kommen, egoistisch zu sein. Doch ich denke, da sitzen wir einem Missverständnis auf.

Liebe ist unteilbar

Das Missverständnis ist: Wir stellen uns Liebe als statische Masse vor. Ich habe ein ganz bestimmtes Potential an Liebe, das es zu verteilen gibt. Nehme ich mir mehr davon, bekommen die anderen weniger. Man könnte es mit einem Kuchen vergleichen. Angenommen der Kuchen „Liebe" hat 12 Stücke, so hieße das: Nehme ich mir vier Stücke, bleiben für die anderen acht. Nehme ich mir aber acht Stücke, bekommen die anderen nur noch vier – welche Variante als christliches Ideal gilt, dürfte nicht schwer zu erraten sein.

In Wirklichkeit ist aber Liebe keine statische Masse, sondern eine Fähigkeit – ja vielleicht sogar eine Kunst: die Kunst zu lieben. Eine

Fähigkeit ist veränderbar. Sie kann wachsen oder sie kann verkümmern. Sie kann zunehmen oder sie kann abnehmen. Wenn aber die Fähigkeit zu lieben zunimmt, so nimmt sie in jeder Richtung zu. Die Liebe zu mir nimmt zu und die Liebe zu den anderen nimmt zu. Sie lässt sich nicht unterteilen in einen Teil, der für mich gilt, und einen Teil, der für andere gilt. Entweder man ist liebesfähig oder man ist es nicht. Wer möchte das nicht von sich sagen können: „Ich bin ein Mensch, der lieben kann!" Ich möchte das schon gern von mir sagen können – bei aller Unvollkommenheit. Ich merke, dass dieses Gefühl, ein Mensch zu sein, der lieben kann, sich positiv auf mein Selbstwertgefühl auswirkt und mir innere Stärke gibt. Durch diese innere Stärke wiederum bin ich besser in der Lage, anderen Menschen mit Liebe zu begegnen. Die – richtig verstandene – Selbstliebe setzt eine Entwicklung in Gang, in der die Liebe sich vermehrt.

So gilt es gründlich aufzuräumen mit dieser Vorstellung: Liebe ich mich weniger – liebe ich die anderen mehr. Ich kenne Menschen, die sich verausgaben im Einsatz für andere und nicht gleichzeitig gut für sich selbst sorgen. Eine Weile geht das meistens gut, aber in der Regel nicht auf Dauer. Oft werden solche Menschen bitter. Ihre Liebenswürdigkeit erscheint dann manchmal nur noch wie eine aufgesetzte Maske. Sie kommt nicht mehr von innen, und man spürt das. So hat unsere Liebe zu anderen Menschen sehr viel damit zu tun, inwieweit wir uns selbst annehmen, sprich uns selbst lieben können. „Nur wer sich selbst angenommen hat, kann auch andere annehmen" – diese Erfahrung kann ich aus meiner Lebenserfahrung heraus nur bestätigen. Leider gilt der Satz auch umgekehrt: „Wer sich selbst nicht annehmen kann, kann auch andere nicht annehmen." Viel Nörgelei an anderen oder an den Umständen kommt daher, dass man mit sich selbst unzufrieden ist, dass man sich selbst und seine Lebensumstände nicht annehmen kann.

Umgang mit Kritik

Sollen wir also alles, was uns begegnet, kritik- und kommentarlos hinnehmen und versuchen, damit zufrieden zu sein? Ganz sicher nicht. Doch meine Kritik an anderen wird nicht mehr der eigenen Unzufriedenheit entspringen. Sie wird sachlich begründet sein und darauf abzielen, etwas, was nicht gut läuft, zu verbessern. Sie wird von Wertschätzung gegenüber dem anderen getragen sein und dem Wunsch entspringen, dem anderen zur Veränderung zu verhelfen. Konstruktive Kritik wird den anderen nicht „klein" machen wollen.

Und umgekehrt: Wie gehe ich damit um, wenn andere mich kritisieren? Oft sagen mir Menschen, dass sie Kritik gut annehmen können, wenn sie sachlich begründet ist. Ich scheine da eine besondere Spezies von Mensch zu sein: Sachlich oder persönlich – mir macht Kritik immer etwas aus! Es „wurmt" mich, wenn andere etwas an mir auszusetzen haben, selbst wenn die Kritik berechtigt ist. Vor einiger Zeit schrieb ich einen Artikel für unseren Rundbrief. Ich bat meinen Mann, ihn gegenzulesen. Sein Urteil war nicht gerade positiv. Das tat weh. Ich musste zwar zugeben, dass seine Kritik zum großen Teil berechtigt war. Aber es schmerzte trotzdem. Das musste ich mir eingestehen und ich konnte nicht so tun, als stünde ich da „drüber".

So stellt sich nicht nur die Frage danach, wie ich meine Kritik an anderen konstruktiv weitergebe, sondern ebenso danach, wie ich konstruktiv mit der Kritik umgehe, die ich bekomme. Zunächst wird es meistens weh tun, wenn andere mich kritisieren. Wenn die Kritik berechtigt ist, kann ich das Hilfreiche darin sehen. Ich spüre, dass ich nicht mit meiner Person abgelehnt werde, sondern dass der andere mir helfen will, etwas besser zu machen. Schwieriger wird es, wenn ich die Kritik als ungerecht empfinde oder gar Ablehnung spüre. Doch in beiden Fällen kann es mir helfen, mich zu besinnen: Woher beziehe ich meinen Wert? Vom Urteil anderer? Daher, dass ich immer alles richtig mache und mir kein Fehler unterläuft? Ich werde mich darauf besinnen, dass mein Wert auf dem Ja Gottes zu mir gründet. Andere können mein äußeres „Ego" ankratzen, doch den tiefsten Kern meiner Person, den Ort, wo mein Selbstwertgefühl begründet liegt, können sie nicht erreichen.

Henry Nouwen schrieb in seinem Buch „Gottes Clown sein" (Herder Verlag), dass jeder Mensch ein „inneres Heiligtum" besitzt. Dass es in jedem Menschen einen Ort gibt, der nur ihm selbst und Gott zugänglich ist. Es ist der Ort, wo Gott sein Ja zu mir sagt, einfach weil ich sein Geschöpf bin. Es ist der Ort, wo der Wert meiner Person bestimmt wird. Niemand hat das Recht, diesen Ort anzutasten. Er würde damit meine Würde als Mensch antasten. Doch dieses „innere Heiligtum" ist sehr zerbrechlich. Es muss geschützt werden. Ich darf niemandem dort Zugang gewähren. Ich soll ihn als Geheimnis zwischen Gott und mir bewahren.

Die tiefste Wertigkeit meiner Person darf ich demzufolge nicht vom Urteil anderer in Frage stellen lassen. Das wird mich gelassener machen im Umgang mit Kritik oder damit, wie andere über mich urteilen. Ich werde prüfen, was daran berechtigt ist, und das ändern, was mir möglich ist und was ich ändern will. Aber ich werde mich auch entschließen, nicht nachtragend zu sein oder verletzt oder verbittert zu reagieren. Ein solcher Umgang mit Kritik fällt uns nicht einfach von selbst zu. Die automatische Reaktion ist oft: Ich werde aggressiv und „schlage zurück" oder ich wende mich beleidigt ab. Wenn ich anders reagieren will, muss ich mich dafür entscheiden. Ich muss zunächst wahrnehmen, dass ich „getroffen" bin und mir dann überlegen, wie ich reagieren will. Helfen wird mir, mich immer wieder an den Ort zurückzuziehen, an dem ich ganz und gar angenommen und geliebt bin, den Ort, an dem Gott sein Ja zu mir sagt. Das gibt mir die Stärke und die Kraft, gelassener auf Kritik zu reagieren.

Masken ablegen

Freier werden vom Urteil anderer heißt auch, den Mut zu haben, mich mehr und mehr zu zeigen, wie ich wirklich bin. Es heißt, Masken, die ich trage, abzulegen; Rollen, durch die ich andere beeindrucken will, aufzugeben. Es sind ja nicht nur die anderen, die mich beurteilen. Ich selbst betrachte mich ja ständig mit den Augen anderer. Was denken sie von mir? Finden sie mich gut? Falle ich auf?

Bemerken sie mich überhaupt? Finden sie, dass ich etwas Besonderes bin (was ich vielleicht gern sein möchte)?

Wenn man, wie ich, in einer Lebensgemeinschaft lebt, wird man mehr oder weniger dazu „gezwungen", Masken abzulegen. Ich erinnere mich an einen jungen Mann, der für ein Jahr in unsere Gemeinschaft kam. Er war schon in der halben Welt gewesen, in Mexiko, in Nepal und was weiß ich nicht wo. Am Anfang bestaunten ihn die anderen: So ein Weltenbummler! Er gefiel sich in dieser Rolle und genoss die Bewunderung. Nur – nach sechs Wochen interessierte das niemanden mehr. Alle kannten nun seine Geschichten. Die unausgesprochene Frage an ihn (und an alle in der Gemeinschaft) war: Wer bist du hier und jetzt? Wer bist du in der Beziehung zu mir? Wer bist du als der, mit dem ich zusammenarbeiten muss?

Weltenbummler zu sein, ist wahrscheinlich keine sehr verbreitete Maske. Die Maske vieler junger Leute von heute ist es, „cool" zu sein. Ja nicht zeigen, wenn man innerlich aufgewühlt ist! Manche setzen die Maske „Liebenswürdigkeit" auf. Anscheinend ärgern sie sich nie. Immer hilfsbereit zu sein, hat etwas Gutes. Es kann aber auch zur Maske werden, wenn ich dadurch meinen Selbstwert definiere. Dann darf ich nie sagen, dass ich vielleicht einmal keine Lust habe, für andere da zu sein. Dann würden die anderen ja merken, dass ich gar nicht dieser edle Mensch bin, als der ich gern gesehen werden möchte. Andere verstecken sich hinter ihrer Position: Der „Herr Bürgermeister" oder der „Herr Pfarrer" – mindestens bei uns auf dem Dorf gilt das noch etwas.

Masken haben etwas Starres, etwas Unlebendiges. Wenn ich den Mut habe, Masken abzulegen, und so zunehmend mehr der Mensch zum Vorschein kommt, der ich wirklich bin, werden das die anderen merken. Beziehungen werden so leichter möglich, weil ein Mensch, der echt ist, Vertrauen erweckt. Andere wissen, woran sie mit mir sind – und sie trauen sich, sich selbst ebenfalls mehr so zu zeigen, wie sie sind.

Zu meinen Fehlern und Schwächen stehen

Zum Echtsein gehört weiter, dass ich den Mut gewinne, Fehler und eigene Schwächen zuzugeben. Das fällt zunächst schwer. Ich will doch gut – möglichst perfekt! – dastehen. Doch werde ich feststellen, dass ich in der Regel keineswegs Sympathien einbüße, wenn ich zu meinen Fehlern stehe; wenn ich zugebe, dass ich auch einmal etwas nicht weiß oder im Moment nicht in der Lage bin, eine bestimmte Aufgabe zu erfüllen. Fehler, die ich selbst zugebe, kreiden mir im Normalfall schon andere nicht an – das sei nur nebenbei in Klammern gesagt.

Ich erinnere mich an einen Dia-Vortrag, den ich zu halten hatte, über die Arbeit in unserem Lebenszentrum. Bevor ich den Vortrag anfangen konnte, fielen durch ein Missgeschick sämtliche Dias herunter und alles war durcheinander. Ganz spontan sagte ich: „Es ist wie bei uns in unserem Lebenszentrum. Irgend etwas geht immer schief." Worauf eine Frau aus dem Publikum antwortete: „Wie bei uns auch" – und ich hatte mit einem Mal die Sympathien des Publikums auf meiner Seite.

Meine Erfahrung ist, dass Menschen innerlich mit Abwehr reagieren, wenn man so tut, als sei im eigenen Leben alles perfekt. Sie fühlen sich angegriffen und hinterfragt, als ob das, was sie tun, nicht genug sei. Im Vergleich mit einem perfekten Menschen kann man nur den Kürzeren ziehen. Außerdem wird so signalisiert: Ich schaffe alles allein. Ich brauche niemanden – und das schafft Distanz zu anderen. Man wundert sich dann vielleicht, warum man so schwer Beziehungen zu anderen bekommt.

In meinen Augen das größte Lob, das ich je nach einem Vortrag bekam, lautete: „Sie sagen, wie es ist, und nicht nur, wie es sein sollte." Mein Mann und ich halten ab und zu gemeinsam Vorträge zum Thema Ehe und Partnerschaft. Wir reden dann auch von den Konfliktphasen, die es in unserer Ehe bisher gab. Oft geschieht es, dass hinterher jemand auf uns zukommt und sagt: „Dass Sie auch Konflikte haben, das hätte ich nicht gedacht." Als Vortragsredner und Leiterehepaar eines christlichen Lebenszentrums führt man offenbar ein schon fast „engelsgleiches" Leben! Schön wäre das ja schon!

Doch entlastet es die Menschen, wenn sie merken, dass nicht nur sie Konflikte haben, sondern so „berühmte" Leute wie die, die da vorn stehen und reden, auch.

Gerade als Christen neigen wir dazu, viel davon zu reden, wie „es" sein sollte, wie man als Christ leben sollte usw. Und oft reden wir so, als würde uns selbst das alles gelingen und als wäre bei uns alles so, wie es eben sein sollte. Was denken die anderen von uns, wenn sie erfahren, dass wir auch Zweifel haben oder manchmal keine Lust zu beten! Das darf doch nicht sein! Aber so wird unser Glaube steril und unlebendig. Wir sagen dann dogmatisch richtige Dinge, aber das Leben dahinter fehlt. Auf andere wirkt das wenig überzeugend, weil sie das Unechte daran spüren. Wenn man aber zugibt, dass man auch nicht alles so schafft, wie es eigentlich gut und richtig wäre, dass man sich aber trotz aller Rückschläge immer wieder auf den Weg macht, bekommen andere Menschen eher Mut, selbst Schritte im Glauben zu tun.

Mich aussöhnen mit den Fehlern und Schwächen anderer

Wenn ich Fehler und Schwächen bei mir akzeptieren kann, hat das eine weitere Folge. Ich kann nämlich dann auch Fehler und Schwächen bei anderen akzeptieren. Ich stelle nicht mehr den – oft unbewussten – Anspruch an sie, sie müssten alles richtig machen, und bin dann entsprechend sauer, wenn das nicht der Fall ist. So wie ich lerne, mich mit meinen eigenen Unzulänglichkeiten auszusöhnen, lerne ich das auch im Blick auf die Unzulänglichkeit anderer.

Ich lerne genauer hinzusehen: Was ist das eigentlich für ein Mensch, mit dem ich es gerade zu tun habe? Welche Gaben hat er und welche Schwächen? Ich lerne besser einzuschätzen, was ich vom andern erwarten kann und was nicht. Ich kann zum Beispiel von einem phantasievollen, kreativen Menschen, der ständig neue Ideen hat, nicht unbedingt erwarten, dass er über Jahre hin peinlich genau die Kasse führt. Das passt einfach nicht zu ihm. Vermutlich würden ständig Fehler vorkommen, weil seine Gedanken nicht bei den (für ihn langweiligen) Zahlen sind, sondern vielleicht dabei, wie man in der nächsten Jungscharstunde die Kids begeistern könnte. Man kann natürlich sagen, mit Geld sorgfältig umgehen, das müsse jeder können. Dabei geht man aber davon aus, dass der andere so zu sein hat, wie man selbst ist. Man übersieht einfach, wo die Stärken – oder eben auch die Schwächen – eines anderen liegen. Man kann von seinen Mitarbeitern – sei es am Arbeitsplatz oder im ehrenamtlichen Engagement – nicht erwarten, dass sie in ihrer Arbeit nur mit ihren starken Seiten vorkommen, aber ihre Schwächen zu Hause lassen. Das geht einfach nicht. Fruchtbringender ist es, Mitarbeiter entsprechend ihren Fähigkeiten einzusetzen – auch im Ehrenamt – und sie nicht genau das tun zu lassen, wozu sie wenig begabt sind.

Wenn ich lerne, anderen zuzugestehen, dass sie unvollkommene Menschen sind wie ich auch und demzufolge hin und wieder Fehler machen, werde ich eine Fähigkeit erwerben, die in der Bibel sehr groß geschrieben wird: Barmherzigkeit. Doch Barmherzigkeit mit anderen setzt voraus, dass ich mit mir selbst barmherzig bin.

Mich aussöhnen mit der Unvollkommenheit der Welt

Zur Aussöhnung mit meiner eigenen Unzulänglichkeit und der anderer Menschen gehört noch eine dritte Dimension dazu: die Aussöhnung mit der Unvollkommenheit der Welt. Wir leben – noch – nicht im Paradies, sondern in einer gefallenen Schöpfung. In dieser Welt sind die Dinge nicht immer so, wie wir sie gern hätten; Dinge laufen anders, als wir es erwarten und wünschen. In dieser Welt gibt es Leid und Not und Schmerzen. Nirgendwo in der Bibel steht, dass wir als Christen davon ausgenommen werden. Auch als Christen werden wir mit Leid und Krankheit und Tod konfrontiert. Wenn wir dagegen rebellieren und Gott Vorwürfe machen, dass er uns das antut, werden wir nicht im Frieden mit uns und Gott leben können, werden wir mit uns selbst nicht im Reinen sein.

Doch eines dürfen wir tun: Wir dürfen unsere Not und unsere Schmerzen Gott klagen. Vor einiger Zeit war ich im Gespräch mit einer Frau. Sie klagte mir, was es in ihrer Familie alles an Krankheit und anderen Schwierigkeiten gab. Ich sagte zu ihr: „Klagen Sie das doch einfach alles mal Gott." Sie erwiderte: „Darf ich das denn? Gott ist doch gut. Ich darf ihm doch keine Vorwürfe machen." So wie diese Frau getrauen sich viele Menschen nicht, mit Gott zu reden, wie es ihnen ums Herz ist. Sie meinen, man dürfe nur mit wohlgeformten und nur mit positiven Worten vor Gott treten. Sie wissen dann nicht, wohin mit ihrer Trauer und ihrer Wut und kapseln sie in sich ein und verhärten sich innerlich, werden im schlimmsten Fall sogar depressiv. Manche meinen auch, als Christ müsse man sofort zu allem Ja sagen, weil Gott ja keine Fehler macht – und so schluckt man eben und macht womöglich noch ein fröhliches Gesicht dazu.

In der Bibel lernen wir einen anderen Umgang mit Leid und Schmerz. Lesen wir die Psalmen: Die Psalmbeter scheuen sich nicht, ihren Schmerz, ihr Nicht-Verstehen über das Handeln Gottes ihm ins Angesicht zu sagen. Ich darf meinen Schmerz zulassen. Ich darf das Leid, das mir geschehen ist, vor Gott klagen! Ich darf es hinausschreien! Ich darf trauern über das, was mir genommen wurde. Ich darf Gott sagen, dass ich sein Handeln nicht verstehe. Gott sieht sowieso, wie es in meinem Herzen aussieht. Wie kann ich denken, ich könnte es vor ihm verbergen? Verbergen kann ich es höchstens vor anderen Menschen. Verbergen kann ich es sogar vor mir selbst. Ich kann ganz schnell sagen: „Es ist halt, wie es ist" und damit den Schmerz überspielen. Damit spiele ich sowohl anderen als auch mir selbst etwas vor. Es stimmt nicht damit überein, wie es mir tatsächlich ums Herz ist. Ich bin dann nicht ich selbst und brauche viel Kraft für die Rolle, die ich meine spielen zu müssen.

Die Phase des Schmerzes und der Trauer ist nötig. Es ist gut, auf dem Weg der Trauer einen Begleiter oder eine Begleiterin zu haben, einfach jemanden, der oder die diesen Weg mitgeht, damit ich in meinem Leid nicht allein bin. Schmerz wird durch den Kontakt zu anderen Menschen, durch das Verständnis anderer, gelindert. Einsamer Schmerz, einsames Leiden lässt uns erstarren oder verbittern, vielleicht sogar versteinern. Wir können von den Kindern lernen: Wenn ein Kind sich weh getan hat, läuft es zum Vater (oder zur Mutter) und weint und schmiegt sich an. Der Vater fragt: „Wo tut es denn weh?" Und das Kind zeigt die Stelle, wo es sich weh getan hat. Der Vater streichelt oder „pustet" und tröstet – dann geht es dem Kind schon ein ganzes Stück besser. Schon allein der Kontakt zum Vater macht den Schmerz erträglicher.

Man darf sich Zeit lassen zum Trauern und zum Klagen. Man darf sich aus-klagen. Nicht umsonst trug man früher nach einem Todesfall ein Jahr lang Trauerkleidung. Abschied braucht Zeit. Eine Wunde heilt nicht auf Kommando. Aber sie schmerzt auch nicht ewig. Wer seinem Schmerz und seiner Trauer Raum gibt, wer ihm Ausdruck gibt, der kann sich auch irgendwann davon verabschieden. Er kann sich aussöhnen mit der Wirklichkeit. Er kann jetzt auf einer tieferen Ebene akzeptieren, dass die Dinge so sind, wie sie sind. Er kann sich einverstanden erklären mit Verlust oder Verletzung, auch wenn es schmerzlich ist.

Diese Aussöhnung schließt die Aussöhnung mit Gott ein: damit, dass er zugelassen hat, was geschehen ist. Auch wenn ich sein Handeln nicht verstehe, möchte ich mich mit seinem Weg mit mir einverstanden erklären und mich damit aussöhnen. Ich erkenne an, dass er Gott ist und ich Mensch. Ich muss und kann nicht alles verstehen, was er tut. Ich vertraue, dass er es letztendlich gut mit mir meint, auch wenn es in der Gegenwart manches Mal nicht so aussieht. Ich suche keine schnellen Erklärungen, aber ich versuche, das Vertrauen in Gott nicht zu verlieren, sondern festzuhalten. Nur so kann ich im Frieden mit Gott und mit mir selbst – und das heißt letztlich identisch mit mir – leben.

Ich gehe damit den gleichen Weg, den die Psalmbeter gehen. Nach der Klage erinnern sie sich daran, wer und wie Gott ist; sie erinnern sich an all das Gute, das er ihnen in der Vergangenheit schon getan hat. Sie setzen ihr Vertrauen darauf, dass sich Gott in der Zukunft wieder als der gütige Gott erweisen wird, als der er sich schon in der Vergangenheit erwiesen hat.

Zum Weiterdenken

- Gibt es etwas in meinem Leben, das ich Gott klagen möchte? Ich könnte Gott einen Klagepsalm schreiben. Wie lasse ich diesen Psalm enden?

- „Fehler dürfen gemacht werden, aber man sollte aus ihnen lernen." Wie geht es mir mit diesem Satz in Bezug auf meine eigenen Fehler? Wie geht es mir damit in Bezug auf die Fehler anderer? – Das könnte auch einmal ein interessantes Thema für einen Hauskreisabend sein.

- Nicht überall kann man seine Masken ablegen. Manchmal braucht man sie als Schutz. Aber gibt es Räume, gibt es Menschen in meinem Leben, bei denen ich mich zeigen kann als der Mensch, der ich tatsächlich bin? Gibt es Menschen, bei denen ich Schwächen zulassen und Schmerz und Trauer zeigen kann?

- Wie sieht mein Umgang mit Kritik aus? Wage ich es, anderen den „Liebesdienst" des Kritisierens zu tun, damit sie die Chance bekommen, Dinge zu verbessern? Wie bringe ich diese Kritik an?

- Wer hat mich in letzter Zeit kritisiert? Wie bin ich damit umgegangen? Ist hier möglicherweise eine Aussöhnung mit bestimmten Menschen nötig?

- Das „innere Heiligtum". Der Raum, wo Gott sein Ja zu mir sagt. Habe ich ihn schon entdeckt? Man kann diesen Ort nicht festhalten. Man muss ihn immer wieder aufsuchen. Nehme ich mir diesen Freiraum?

4 Es geht nicht ohne Konflikte

Alle aus unserem Hauskreis wollen zu einem Gottesdienst fahren, der in einiger Entfernung von uns stattfindet. „Da geht was ab", sagt jemand. „Da kommen ein paar tausend Leute", sagt ein anderer. Ich kann mir lebhaft vorstellen, was für eine Art von Gottesdienst das sein wird. „Da bringen mich keine zehn Pferde hin", sage ich. Betretenes Schweigen. Erstaunte Blicke. „Warum?", fragt schließlich einer. „Hm – solche Großveranstaltungen sind nichts für mich", sage ich. Dass es nicht nur an der Größe, sondern auch an der Art des Gottesdienstes liegt, verschweige ich lieber angesichts des Unverständnisses, das ich in den Augen der anderen sehe. Die Diskussion geht eine Weile hin und her, was man jetzt machen solle. Schließlich fahren die anderen ohne mich – etwas betrübt, dass die schöne Harmonie in unserem Hauskreis gestört ist. I c h habe diese Harmonie gestört.

Wenn ich zu meinen eigenen Überzeugungen stehe, wenn ich selbst bestimmen will, wo ich mitmachen möchte und wo nicht; wenn ich meine eigenen Entscheidungen treffe, dann beinhaltet das zwangsläufig, dass ich an manchen Stellen auch „Nein" sagen muss. Das fällt vielen schwer. „Ich kann halt nicht Nein sagen", erzählte mir kürzlich eine Frau. Und so ist sie ausgefüllt mit allen möglichen Aktivitäten, die sie einerseits gern tut, die aber auf der anderen Seite ihren Tagesablauf so bestimmen, wie sie es eigentlich gar nicht will.

„Nein" sagen heißt in aller Regel, einen Konflikt zu riskieren. Man stellt den eigenen Willen gegen den Willen eines anderen. Zwei unterschiedliche Interessen prallen aufeinander und schon ist der Konflikt da. Konflikte aber versuchen wir tunlichst zu vermeiden. Streit ist unangenehm. Er stört die Harmonie. Es gibt eine gespannte Atmosphäre. Alles Dinge, die uns wenig gefallen. Normalerweise leben wir lieber in Übereinstimmung und Harmonie.

Außerdem riskiere ich bei jedem Konflikt die Beziehung. Wenn ich nicht tue, was ein anderer von mir möchte, dann ist er möglicherweise ärgerlich auf mich. Dann werde ich von ihm nicht mehr akzeptiert, im schlimmsten Fall abgelehnt. Ich verliere seine Zuneigung und Zuwendung – so befürchte ich jedenfalls. Ob das zwangsläufig so eintreffen muss, ist damit noch lange nicht gesagt. Aber aus dieser Befürchtung heraus tun wir oft Dinge, die wir eigentlich gar nicht wollen, „um des lieben Friedens willen". Hin und wieder tut das wohl jeder – nicht jede Kleinigkeit ist einen Konflikt wert. Aber wenn das Prinzip „Hauptsache Harmonie" zum Lebensmuster wird, lebt man zunehmend fremdbestimmt und nicht eigenbestimmt. Man lässt sich vieles von dem, was man tut, von anderen diktieren und handelt nicht nach seinen eigenen Wünschen und Vorstellungen.

Konflikte sind unvermeidbar . . .

Wir betonen ja gern, dass jeder Mensch ein Original ist – dieses ganze Buch handelt davon. Das heißt aber folgerichtig: Jeder Mensch hat eigene Wünsche, eigene Interessen, eigene Meinungen, eigene Überzeugungen usw. Diese eigenen Wünsche und Meinungen decken sich nicht unbedingt mit den Wünschen und Meinungen anderer. Das liegt in der Natur der Sache, führt aber genau zum Konflikt. Es ist gut, sich das bewusst zu machen.

Wer sich also auf den Weg machen möchte zu einem identischeren Leben, wird nicht umhin kommen, sich mit dem Gedanken anzufreunden, dass zu einem solchen Leben unausweichlich Konflikte gehören. Er wird den Mut gewinnen müssen, Konflikte anzupacken und nicht einfach unter den Teppich zu kehren. Einen Konflikt auszutragen heißt, um etwas zu ringen. Es hat etwas mit kämpfen zu tun. Wir brauchen Selbstvertrauen für diesen „Kampf". Oft fühlen wir uns zu schwach und trauen uns nicht zu, unsere eigenen Interessen angemessen vertreten zu können. Meistens aber ist es nur so, dass wir bisher unsere Kräfte nicht erprobt haben. Wir haben die Stärke, die in uns ist, noch nicht ausgetestet. Wenn ich selbst einen

Konflikt anzugehen habe, mache ich es manchmal so, dass ich mich vorher mit beiden Füßen fest auf die Erde stelle und mir die innere Stärke, die ich habe, bewusst mache. Dann kann ich mich dem Konflikt stellen und um eine gute und faire Lösung ringen. Denn kämpfen heißt nicht in erster Linie *gegen* etwas oder jemanden zu kämpfen. Es geht vielmehr darum, *für* etwas zu kämpfen – und diese Perspektive verändert auch meine Haltung zu dem bevorstehenden Konflikt.

Die Mitarbeiter in unserem Lebenszentrum arbeiten in ihrem jeweiligen Aufgabengebiet weitgehend selbstständig. Sie entscheiden selbst, welche Tagungen und Wochenenden sie anbieten möchten. Es ist schon einige Zeit her, da wollten zwei Mitarbeiterinnen zu einer Tagung einen Referenten einladen, der eine Frömmigkeitsrichtung vertrat, die mein Mann und ich nicht befürworteten. Wir teilten ihnen unsere Bedenken mit. Doch sie bestanden darauf, genau diesen Mann für ihre Tagung einzuladen. Was sollten wir tun? Den „Boss" heraushängen und uns nachsagen lassen, wir würden uns in alles einmischen und seien autoritäre Leiter? Oder sollten wir die Dinge einfach laufen lassen? Wir besannen uns auf unsere Verantwortung. Die Letzt-Verantwortung für das, was in unserem Lebenszentrum geschieht, lag schließlich bei uns. Dafür mussten wir im Zweifelsfall auch vor dem Trägerverein und vor den Freunden Rechenschaft ablegen. Deswegen mussten wir kämpfen an der Stelle, wo wir die Grenzen dessen, was wir in unserem Hause vertreten konnten, überschritten sahen, und mussten uns in dieser Sache durchsetzen. Die beiden Mitarbeiterinnen waren zunächst verärgert. Doch für beide Seiten war im Grunde klar, dass wir hier in einer Sachfrage verschiedener Meinung waren, uns als Personen aber trotzdem mochten.

Wer gelernt hat, konstruktiv mit Konflikten umzugehen, der wird die Erfahrung machen, dass Beziehungen dadurch nicht zerbrechen, sondern oft gerade vertieft werden. Denn einen Konflikt anzugehen heißt ja auch: Ich will mit dir! Du bist mir nicht gleichgültig. Unsere Beziehung ist mir so wichtig, dass ich den Konflikt riskiere. Ich möchte, dass sie wieder in Ordnung kommt. Denn das Gegenteil von Liebe ist nicht der Streit, sondern die Gleichgültigkeit. Selbst die Bibel geht davon aus, dass es Streit unter Menschen gibt, dass wir dabei Gefühle entwickeln und auch einmal zornig werden. Die Frage, die die Bibel stellt, ist die, wie wir mit unserem Zorn umgehen.

. . . und vermeidbar

Konflikte sind unvermeidbar. Das gilt auf der grundsätzlichen Ebene: Es gibt kein Leben ohne Konflikte. Es gibt aber auch Konflikte, die vermeidbar wären. Dazu gehören etwa Konflikte, die aus mangelnder Information entstehen. Da werden Termine nicht abgesprochen und überschneiden sich deswegen. Zum Beispiel: In einer Familie braucht die Frau das Auto, weil sie mit den Kindern zum Arzt muss. Ihr Mann hat ihr nicht gesagt, dass er genau an diesem Tag das Auto dienstlich braucht. Mangelnde Absprache führt so schnell zu einem Problem.

Weiter gehören zu den vermeidbaren Konflikten solche, die durch unausgesprochene Erwartungen entstehen. Eine Ehefrau erwartet zum Beispiel, dass ihr Mann seinen freien Abend mit ihr verbringt, teilt ihm aber diese Erwartung nicht mit. Der Ehemann verabredet sich – ebenfalls ohne Rücksprache mit seiner Frau – mit Freunden zu einem Skatabend und seine Frau ist tief enttäuscht.

Konflikte können aber auch dort entstehen, wo Erwartungen zwar ausgesprochen werden, aber kein Freiraum zur Entscheidung gegeben wird; wo mir keine Wahl mehr gelassen wird, Ja oder Nein zu sagen; wo selbstverständlich davon ausgegangen wird, dass ich die an mich gestellte Erwartung auch erfülle. Ich fühle mich dann gezwungen, etwas zu tun, was ich eigentlich gar nicht will. Solche Konflikte kommen relativ häufig vor zwischen Eltern und erwachsenen Kindern. Die Eltern nehmen selbstverständlich an, dass die Kinder in ihre Zeitplanung einbezogen werden können, bei der Apfelernte helfen, beim Familientreffen dabei sind, mitfahren, um einen größeren Einkauf zu erledigen . . . und respektieren nicht, dass diese ihre eigenen Termine haben.

Vermeidbare Konflikte gibt es überall dort, wo man andere nicht ernst nimmt, sie nicht informiert und um ihre Meinung fragt –

womit auch bereits gesagt ist, wie solche Konflikte vermieden werden können.

Da es uns aber wohl kaum gelingt, alle vermeidbaren Konflikte zu vermeiden und die noch hinzu kommen, die sich gar nicht vermeiden lassen, bleibt die Frage: Wie kann ein konstruktiver Umgang mit Konflikten aussehen?

Konstruktiv mit Konflikten umgehen

Mit welcher Einstellung gehe ich an Konflikte heran? Ein konstruktiver Umgang mit Konflikten heißt zuerst einmal, dass wir Konflikte nicht nur negativ sehen. Konflikte zeigen immer einen Veränderungsbedarf an. Irgendwo ist „Sand im Getriebe". Damit der Sand aus dem Getriebe kommt, muss etwas verändert werden, muss etwas neu werden. So gesehen, sind Konflikte ein Impuls zum Weiterkommen und zum Weiterwachsen. Sehr deutlich kann man das bei Jugendlichen in der Pubertät sehen. Sie wandeln sich vom Kind zum Erwachsenen. Bis auf beiden Seiten die neuen Rollen gefunden und akzeptiert sind, wird es eine Menge Streit geben. Diese Einsicht, dass aus Konflikten etwas Neues, etwas Reiferes hervorgehen kann, kann mir Mut machen, mich einem Konflikt zu stellen.

Dann ist der erste Schritt, den Konflikt genau zu formulieren. Was ist los? Um was geht es? Was ärgert mich? Was wünsche ich mir? Was ärgert den anderen? Was wünscht er sich? Erst wenn alles auf dem Tisch ist, kann man überlegen: Was machen wir jetzt damit? Wie kommen wir zu einer fairen Lösung, mit der alle Beteiligten leben können? Nur mit einer klaren Fragestellung kann man zu einer guten Lösung kommen.

Sehr oft beinhalten Konfliktgespräche nur gegenseitige Vorwürfe und Schuldzuweisungen. Dabei geht es nur um die Frage: Wer ist schuld? Wer hat Recht? Oder wer hat Unrecht? Da niemand schuldig sein will und jeder Recht haben möchte, führen Konfliktgespräche unter solchen Vorzeichen zu nichts. Es bleibt beim Schlagabtausch, bei Angriff und Verteidigung, führt aber zu keiner Lösung. Ein Dauerstreit ist so oft vorprogrammiert – oder Schweigen und Verbitterung. Nicht umsonst empfehlen deshalb die Fachleute, im Streitgespräch „Ich-Botschaften" zu senden und keine „Du-Botschaften". Nicht: „Du hast schon wieder . . .", „Du machst immer wieder denselben Fehler . . .", „Warum hast du nicht . . .?" Du-Botschaften sind Vorwürfe und auf Vorwürfe wird automatisch mit Verteidigung reagiert. Hilfreicher ist es zu sagen: „Mich stört es, dass . . ." oder „Ich wünsche mir . . .", „Ich verstehe nicht, warum . . ." Für die unterschiedlichen Wünsche gilt es dann, eine Lösung zu finden.

Meistens kennen wir in Konfliktsituationen nur zwei Lösungsmöglichkeiten: nachgeben oder sich durchsetzen. Gegen beide Lösungen ist nichts einzuwenden, wenn sie wechselseitig geschehen, wenn einmal der eine nachgibt und dann wieder der andere. Setzt sich immer derselbe durch und gibt immer derselbe nach, dann entsteht in der Beziehung ein Gefälle von Befehlen und Gehorchen, einer wird vom anderen dominiert oder gar unterdrückt. Das spricht nicht von gegenseitigem Respekt und von gegenseitiger Achtung.

Es gibt aber noch eine dritte Lösungsmöglichkeit: Beide Konfliktpartner finden gemeinsam eine ganz neue – kreative – Lösung. Bei der neuen Lösung setzt niemand seinen ursprünglichen Wunsch durch. Es gibt eine ganz neue Idee, mit der alle am Konflikt Beteiligten gut leben können. Niemand darf „untergebuttert" werden. So könnte es zum Beispiel in einer Familie, in der die einen im Urlaub nach Italien an den Strand wollen und die anderen in die Alpen zum Bergsteigen, so sein, dass man sich zu einem Urlaub auf Korsika entschließt. Dort kann man bergwandern und auch am Strand liegen – jedoch beides mit gewissen Abstrichen. Das ist vielleicht ein etwas banales Beispiel – meistens liegen die Dinge wohl doch komplizierter – doch zeigt es die Richtung auf, in die es gehen könnte.

Diese Lösungsmöglichkeiten zeigen eines auf: Meine Wünsche zu äußern und meine Interessen zu vertreten kann nicht heißen: Ich tue, was ich will, ohne Rücksicht auf die Menschen, mit denen ich lebe. „Ich selber sein" im richtig verstandenen Sinn heißt: Ich nehme meine Wünsche und Bedürfnisse wahr und formuliere sie auch. Ich höre aber auch auf die Wünsche und Bedürfnisse der anderen und nehme diese ernst. Gemeinsam versuchen wir, unsere unterschiedlichen Interessen zum Einklang zu bringen und einen Weg zu finden, der für alle Beteiligten gangbar ist.

Allerdings: Auch mit der besten Konfliktlösungsstrategie wird es nicht ausbleiben, dass wir uns gelegentlich gegenseitig verletzen und weh tun. Außerdem – so gern ich es anders hätte – muss leider auch gesagt werden, dass sich nicht alle Konflikte lösen lassen und ich es lernen muss, mit der Spannung, die sich daraus ergibt, zu leben. Deswegen ist es unabdingbar, im Zusammenhang mit Konflikten auch über Vergebung und Versöhnung zu sprechen. Auch ein Konflikt, für den wir eine Lösung gefunden haben, ist erst dann wirklich gelöst, wenn Vergebung geschehen ist und Versöhnung stattgefunden hat.

Vergebung und Versöhnung

Vergebung und Versöhnung geschehen in drei Richtungen. Das Erste ist, dass ich Gott dafür um Vergebung bitte, wo ich selbst schuldig geworden bin, wo ich anderen Unrecht getan habe oder Worte gebrauchte, die nicht gut waren. Der zweite Schritt ist die Überlegung, wofür ich mich beim anderen entschuldigen sollte. Vielleicht hatte ich an einem Streit nur geringe Schuld und warte von daher darauf, dass der andere sich zuerst entschuldigt. Doch unter Umständen muss ich da lange warten oder warte vielleicht sogar vergeblich. Die Beziehung bleibt gestört. Versöhnungsbereitschaft beinhaltet die Bereitschaft, den ersten Schritt zu tun, ganz unabhängig davon, welchen Schuldanteil ich an einer Sache habe.

Der dritte Schritt ist der, der uns vielleicht am schwersten fällt. Es heißt nämlich, dem anderen zu vergeben – unabhängig davon, ob der andere um Vergebung bittet oder nicht. Dem anderen vergeben bedeutet nicht, die Sache zu bagatellisieren und zu sagen: „Es war nicht so schlimm" oder: „Er hat es nicht so gemeint". Vergeben heißt: Es hat mir weh getan, es war schlimm für mich – trotzdem *will* ich vergeben. Vergebung ist ein Willensakt – unabhängig davon, was meine Gefühle sagen. Manchmal braucht man Zeit, bis man innerlich zur

Vergebung bereit ist. Diese Zeit sollte man sich nehmen, sonst besteht die Gefahr, dass Vergebung nur ein äußerlicher Akt bleibt, aber innerlich nicht nachvollzogen werden kann. Eine nur äußerlich gewährte Vergebung ist wie eine Wunde, die äußerlich genäht ist, aber darunter zu eitern beginnt.

Wenn ich nicht bereit bin zur Vergebung, schade ich nicht nur dem anderen oder der Beziehung, sondern vor allem mir selbst. Wenn ich mir auf Dauer das Recht vorbehalte, auf jemanden böse zu sein (vielleicht durchaus mit gutem Grund), binde ich mich in negativer Weise an diesen anderen Menschen. Ich bin nicht frei von ihm. Jedes Mal, wenn ich an ihn denke oder ihm begegne, kommen unweigerlich Hassgefühle hoch. Auf diese Weise besitzt der andere Macht über mich. Er hat die Macht, mich in eine negative Gefühlslage zu bringen. Das tut mir nicht gut. Das macht mich mit der Zeit zu einem verbitterten Menschen.

Wenn ich aber vergebe, werde ich innerlich frei. Wahrscheinlich werde ich die Freiheit in meinen Gefühlen nicht sofort spüren. Gefühle brauchen meistens länger, bis sie ausheilen. Wenn ich aber wirklich von Herzen vergebe, werden mit der Zeit auch meine Gefühle heilen und ich werde innere Unabhängigkeit, innere Freiheit und inneren Frieden finden.

Zum Weiterdenken

- Jeder hat seine eigene Art, mit Konflikten umzugehen. Was ist meine spezielle „Konflikt-Lösungs-Technik"? Konkreter komme ich dem auf die Spur, wenn ich überlege: Welche Konflikte gab es in letzter Zeit in meinem Leben? In der Familie? Am Arbeitsplatz? Mit Freunden? Wie bin ich mit diesen Konflikten umgegangen? Was hatte dieser Umgang für Folgen? Eher positive – eher negative? Welche für mich? Welche für die anderen? Welche für unsere Beziehung?

- Schiebe ich einen Konflikt, der zur Bearbeitung ansteht, vor mir her? Ich kann mir diesen Konflikt wie eine Weggabelung vorstellen. Der eine Weg: Ich bearbeite den Konflikt nicht. Der andere Weg: Ich gehe den Konflikt an. Nun kann ich mir beide Wege ausmalen. Was geschieht auf dem jeweiligen Weg? Zu welchem Ziel führt der erste Weg – zu welchem der zweite Weg? Von diesem Zielgedanken her kann ich „Schubkraft" für die nötigen Schritte bekommen.

- Welche „Altlasten" aus vergangenen Konflikten trage ich mit mir herum? Gibt es jemanden, bei dem ich mich entschuldigen sollte? Gibt es jemanden, dem ich vergeben sollte?

- In der Bibel werden immer wieder Konfliktsituationen geschildert. Einige Beispiele: Abraham und Lot (1. Mose 13,5-12); Streit um die Versorgung der Armen (Apg. 6,1-7); theologische Streitfragen (Apg. 15,1-29). Es gibt zahlreiche andere. Ich rege an, diese Texte einmal unter dem Aspekt zu lesen: Worin besteht der geschilderte Konflikt? Wie wird er jeweils gelöst?

5 Zeit für mich

Manchmal vergleiche ich mein Leben mit einem Schiff – einen Schiff, das auf dem Meer des Lebens dahintreibt und von den Wellen getragen wird. Wohin fährt dieses Schiff? Wer bestimmt den Kurs? Ich überlege mir, wie ich mich selbst auf diesem Schiff verstehe. Bin ich der Motor, der das Schiff in Fahrt hält und es vielleicht noch ständig antreibt, schneller zu fahren – ohne Überblick, wohin es überhaupt geht? Oder stehe ich auf der Kommandobrücke meines Lebensschiffes? Studiere ich die Karten und bestimme, wo es hingehen soll? Schaue ich nach dem Wetter, nach den Wellen und nach dem Wind? Besinne ich mich auf meinen Auftrag und bestimme danach den Kurs meines Lebens? Für solch eine Kursbestimmung brauche ich Zeit. Zeit für mich.

In unserer Gesellschaft ist Zeit ein teures Gut. Alles soll immer schneller gehen. Man spricht von Beschleunigung und Verdichtung der Zeit. Gerade in der Kommunikationstechnik hat es einen enormen Schub gegeben, sodass Nachrichten immer schneller um die Welt gehen. Im Sport entscheiden Hundertstelsekunden über Sieg und Niederlage und man baut neue Hochgeschwindigkeitstrassen durchs ganze Land, nur um eine halbe Stunde schneller von einer Stadt zur anderen zu kommen.

Aber es gibt auch eine Gegenbewegung gegen diese Beschleunigung der Zeit. Es gibt immer mehr Menschen, die feststellen, dass sie sich selbst verlieren, wenn sie sich in diesen Zeitstrudel mit hineinreißen lassen. Es sind Menschen, die sich selbst ein „Stopp" gesagt haben. Als sogenannte „Zeitpioniere" war von ihnen vor einiger Zeit in der Zeitung zu lesen. Sie haben beschlossen, nur noch so viel zu arbeiten, wie sie für ihren Lebensunterhalt unbedingt brauchen. Karriere machen kann man so nicht, aber man hat Zeit, über die man frei verfügen kann.

Die Zeitschrift „Psychologie Heute" veröffentlichte zum Jahrtausendwechsel einen Artikel mit dem Titel: „Sechs Strategien, die Ihr Leben leichter machen". Eine Strategie hieß: „Einfach mehr Zeit haben: Lernen Sie die Kunst, möglichst viel nicht zu tun." Und der Vorsatz, den man sich vornehmen sollte, hieß: „Nicht Zeit sparen, sich Zeit nehmen." Mit „sich Zeit nehmen" war gemeint, Zeit zu haben, die nicht verplant ist, zum Beispiel ein ganzes Wochenende vor sich zu haben, für das überhaupt nichts festgelegt ist und das man einfach auf sich zukommen lässt – für manche vielleicht eher ein Schrecken als eine Verlockung.

Genau besehen haben wir heute mehr unverplante Zeit zur Verfügung als die Menschen früherer Generationen. Die Arbeitszeit ist immer kürzer geworden. Es gibt jede Menge technischer Hilfsmittel, die – zumindest angeblich – Zeit sparen. Doch nun können wir etwas Paradoxes beobachten: Einerseits ist „Zeitersparnis" ein von vielen ersehntes Ziel; aber andererseits fürchten sich nun viele Menschen geradezu vor der so gewonnenen freien, unausgefüllten Zeit und sind heftig darauf bedacht, sie mit allen möglichen Aktivitäten auszufüllen. Das können Treffs sein mit irgendeiner Clique, das kann das Sportstudio sein oder auch ein sechstes Ehrenamt zu den fünfen, die man schon hat, oder auch einfach Arbeit. Notfalls bleibt immer noch der Fernseher, um Zeit auszufüllen oder, eher, zu „vertreiben". Und dann sagt man zu seinen Freunden: „Ach, wenn ich doch einmal Zeit für mich hätte!"

Wir leben im Gefühl ständiger Zeitnot, doch insgeheim fürchten wir – vielleicht nicht einmal bewusst – die Leere, die Langeweile, das Nicht-Gebraucht-Werden; das Gefühl, unsere Zeit zu vertun und das damit verbundene Gefühl von Sinnlosigkeit. In bestimmten Situationen habe ich das hin und wieder selbst schon so erlebt. Da lag eine Zeit hinter mir, die sehr angespannt und anstrengend war. Auf einmal ist da ein freier Tag, für den ich vorher nichts geplant hatte, weil ich dazu auch gar nicht die gedankliche Kraft hatte. Ich war so eingespannt und hatte auf diesen freien Tag zugelebt. Doch nun ist er da, und ich stelle fest, dass ich mit mir und diesem Tag nichts anzufangen weiß. Dinge, von denen ich in meiner Stresszeit immer gedacht hatte: „Oh, wenn ich mal Zeit habe, dann mache ich ...", kommen mir auf einmal irgendwie unnütz vor. Es ist, als falle ich in ein

Loch, ein Loch der Unlust, ein Loch mit einer unbestimmt depressiven Stimmung. Ein Zeitloch. Mir hilft dann, mir klar zu machen, dass ich jetzt Zeit habe – geschenkte Zeit –, bei der nichts herauskommen muss, dass ich diese Zeit einfach „vertun" kann – und ganz allmählich kann ich diese Zeit dann auch genießen.

Auf die Stille hören

Ich liebe freie Tage, Tage, an denen ich viel Zeit habe – einen ganzen Vormittag lang – für mich und Gott. Ich habe meinen Schreibtisch an einem Fenster stehen mit Blick auf einen großen Nussbaum. Einfach auf diesen Baum zu sehen, das bringt mich zur Ruhe. Dieser feste Platz in meiner Wohnung ist gut für meine Zeiten der Stille. Auf jedem neuen Platz müsste ich mich erst wieder einfinden und neu orientieren. Was umgibt mich hier? Auf was sehe ich? Welchen Blick habe ich? An meinem festen Platz ist alles vertraut. So fällt es mir leichter, mich zu konzentrieren und zu sammeln.

Manchmal bedenke ich in dieser Zeit der Stille einen Bibeltext, aber manchmal sitze ich auch einfach da und schaue und lasse meinen Gedanken ihren Lauf. Die Gedanken einfach kommen zu lassen, hilft mir zur Verarbeitung von Vergangenem. Ich hole Ereignisse, die mich auf irgendeine Art und Weise sehr betroffen oder mir zu schaffen gemacht haben, noch einmal – oder auch viele Male – vor mein inneres Auge und durchlebe sie so noch einmal. Durch die Zeit, die ich mir dafür nehme, kommt es nach und nach zu einem Prozess der inneren Heilung. Ich versöhne mich mit dem, was geschehen ist, und irgendwann kann ich auch die beschwerlichen Erfahrungen meines Lebens dann ablegen und hinter mir lassen.

Das Neue Testament spricht an mehreren Stellen davon, dass Jesus Christus durch seinen Heiligen Geist in uns wohnt. Er wohnt in uns nicht als ein stummer Gast, sondern als ein redender und handelnder Gott. Die Frage ist, ob er bei uns Raum findet, sodass wir sein Reden hören und sein Handeln an uns wahrnehmen können. Wenn wir Jesus Raum bei uns lassen, können wir ihn als den erfahren, der innere Wunden heilt. Wir können ihn auch als den erfahren, der uns führen und leiten will. Im Trubel des Alltags überhören wir oft seine Stimme. In der Stille ist das Reden Gottes eher vernehmbar, und wir können so Stärkung erfahren und eine Ausrichtung für unser Leben bekommen.

Mir kommen in solchen Zeiten der Stille zum Beispiel öfter gute Ideen. Das geschieht, ohne dass ich gezielt über eine spezielle Frage nachgedacht hätte. Ideen für einen Artikel in einer Zeitschrift, Ideen, wem ich etwas schenken könnte, Ideen zur Lösung einer bestimmten Problematik, eine gute Idee für einen schönen Ausflug und so weiter. Es ist, als ob dies alles in mir schlummere und diese „Muße-Zeiten" braucht, um ans Tageslicht zu kommen. Oder eben – als ob Gott diese Zeiten der Stille bei mir braucht, um mir seine kreativen Gedanken mitzuteilen.

Doch der wichtigste Punkt in diesen Nachdenkzeiten ist für mich, dass ich mich immer wieder auf die Grundlagen meines Lebens besinne. Was macht Wert und Würde meines Lebens aus? Für mich ist es wichtig, mir immer wieder bewusst zu machen, dass die Grundlage meines Lebens das Ja Gottes zu mir ist. Ich bin von ihm gewollt, ich bin von ihm geliebt und ich werde in dieser Welt gebraucht. Nur wenn ich mir das immer wieder bewusst mache, kann diese Wahrheit zum Fundament in meinem Leben werden und meinen Alltag prägen.

Auch die Frage, von welchen Werten ich mich in meinen Alltagsentscheidungen leiten lassen will, gehört für mich zu den Grundlagen des Lebens. Man kann es auch anders ausdrücken: Es gilt, den Willen Gottes mehr und mehr zu verinnerlichen und meinen Alltag danach auszurichten. Was der Wille Gottes ist, das kann ich in der Bibel nachlesen. Was das heute für das eigene Leben heißt und wie dies in den eigenen Alltag umgesetzt werden kann, dafür brauche ich Zeit zum Nachdenken und den Willen, das Erkannte in die Tat umzusetzen. So kann das eigene Verhalten, die Alltagsentscheidungen, das eigene Handeln mehr und mehr vom Willen Gottes bestimmt werden. Ich lasse mich dann nicht mehr unbedingt von allen möglichen Werten, die sonst gelten, bestimmen. Es ist einer der Wege, mehr und mehr frei zu werden von den „Antreibern" meines Lebens, von denen im ersten Kapitel die Rede war.

Das Gebot „Du sollst den Feiertag heiligen" ist bestimmt kaum jemandem fremd. Aber wie ernst ist es mir damit angesichts des gesellschaftlichen Trends, Geschäfte auch am Sonntag zu öffnen? Gehe ich dann auch sonntags einkaufen? Einkaufen gehört schließlich in unserer Zeit zu den Freizeit-Erlebnissen – so die Begründung in einem Zeitungsartikel. Und Freizeit habe ich ja nun einmal am Wochenende. Und ausgerechnet da soll ich nicht einkaufen können? Mich diesem Freizeit-Spaß nicht hingeben können? Dagegen steht die Klage Gottes im Alten Testament, dass die Menschen selbst am Feiertag ihren Geschäften nachgehen. Dass selbst am Feiertag das Geld-Machen der bestimmende Faktor in ihrem Leben ist und sie darüber die gute Ordnung Gottes aus den Augen verlieren. Die Ordnung, die ihnen helfen würde, freier zu leben, Gott zu begegnen, sich selbst zu begegnen und wesentlichen Dingen in ihrem Leben mehr Raum zu geben.

Wenn ich also über das nachdenke, was Gott möchte, und dies dann auch in meinen persönlichen Alltag umsetze, kann das eine Hilfe sein, meinen Lebensstil zu verändern. Persönliche Veränderung geschieht ja nicht dadurch, dass ich mir ein bestimmtes Denken oder Verhalten einfach verbiete. Wer schon probiert hat, Vorsätze umzusetzen, die mit: „Ich darf nicht mehr . . ." beginnen, wird festgestellt haben, dass dies keine sehr erfolgreiche Methode zur Veränderung ist. Besser ist es, sich ein positives Ziel zu setzen. Ich sage also zum Beispiel nicht: „Ich will mich nicht mehr vom Konsumdenken und der Jagd nach Besitz und Geld bestimmen lassen", sondern ich sage: „Ich will mein Leben so gestalten, dass es von wesentlichen Dingen bestimmt wird. Das drückt sich auch darin aus, wie ich meinen Sonntag gestalte. Deshalb möchte ich sonntags Freunde besuchen, ein Buch lesen, spazieren gehen, eine Zeit der Stille haben, zum Gottesdienst gehen . . ." Das ist keine verneinende, sondern eine konstruktive Aussage. Mit solch konstruktiv formulierten Entschlüssen können Werte im eigenen Leben verändert, kann ein neuer Lebensstil eingeübt werden.

Zeit gestalten

Zeit zu haben stellt mich vor die Aufgabe, diese Zeit auch zu gestalten. Zeitplanung heißt zuallererst, Prioritäten zu setzen. Wie will ich die Zeit, die mir zur Verfügung steht, sinnvoll gestalten? Was ist wichtig, was ist weniger wichtig? Wie kann ich rationeller mit meiner Zeit umgehen, damit ich mir Freiräume schaffe? Wo vergeude ich Zeit? Für mich selbst ist es unabdingbar, am Samstag oder Sonntag zu überlegen, was in der vor mir liegenden Woche an Aufgaben oder Plänen anliegt. Welche festen Termine gibt es? Was muss ich vorbereiten? Wann ist die produktivste Zeit dafür? Wo sind die weniger produktiven Zeiten, in denen ich die Routineangelegenheiten erledigen kann, die auch getan werden müssen? Wo gibt es freie Zeit für mich? Die vor mir liegende Zeit gewinnt so bereits Struktur, ich weiß, dass nicht nur Verpflichtungen und Termine auf mich warten, sondern auch Stunden der Muße oder Dinge, auf die ich mich freuen kann.

Allerdings ist es beim Planen der Zeit wichtig, nicht jede Stunde im Voraus zu verplanen. Ich brauche auch Zeit für Unvorhergesehenes. Es könnte sonst sein, dass ich Menschen, die mich brauchen, nur noch als Störung meiner Zeitplanung empfinde – und das wäre unbarmherzig. Die Zeitplanung soll dem Menschen dienen und nicht umgekehrt. Doch wichtig ist, überhaupt seine Zeit zu gestalten, denn auch das ist ein Indiz dafür, ob man sein Leben in die Hand nimmt oder nicht.

Manch eine Mutter mit kleinen Kindern oder jemand, der wirklich sehr viel Arbeit hat, wird jetzt vielleicht einwenden: „Wenn ich überhaupt Zeit hätte, über die ich frei verfügen könnte, wäre ich ja schon froh." Es gibt sicher Lebenssituationen, wo dies sehr schwierig ist. Doch auch da gilt es, die Zeitlücken zu entdecken, denn die gibt es immer. Eine Mutter mit kleinen Kindern kann zum Beispiel die Zeit, in der die Kinder schlafen, nutzen, um schnell das zu erledigen, was sie bis dahin nicht geschafft hat. Sie kann aber auf der anderen Seite auch einmal „fünfe gerade sein lassen" und diese Zeit wirklich für sich ganz persönlich nehmen. Oder man kann die fünf Minuten, die man auf den Bus warten muss, nutzen, um sich zu besinnen. Besinnen, von woher man lebt, sich umschauen und Gott danken, wie schön er die Welt gemacht hat, oder sich freuen, dass man einfach ein paar Augenblicke zum Aufatmen hat. Normalerweise empfinden wir solche Zeitlücken eher als störend und nutzen sie wenig positiv aus.

Doch nicht nur die Planung für die vor mir liegende Zeit hilft zur Gestaltung des eigenen Lebens. Die Reflektion dessen, was gewesen ist, gehört ebenso dazu. Es ist gut, sich am Abend eines Tages (oder am folgenden Tag rückblickend) zu überlegen: Was war heute? Wofür bin ich dankbar? Was habe ich Gutes erlebt? Wo war ich unzufrieden? Wo bin ich vielleicht in alte Verhaltensweisen zurückgefallen, die ich längst überwunden glaubte? Was hat mich gestört heute? Was hat mich betrübt, geärgert? Wo bin ich anderen etwas schuldig geblieben? All das kann ich in Gottes Hand legen und bei ihm gut aufgehoben wissen. Und dann kann ich ihn bitten, mir zu zeigen, wo ich etwas bearbeiten oder verändern soll. Denn nur wenn ich mir bewusst mache, was gewesen ist, kann ich erkennen, wo Veränderung in meinem Leben nötig ist. Und ich kann erkennen, wo mir ein guter Schritt gelungen ist, wo ein Wagnis sich gelohnt hat, wo mir Gott etwas Gutes geschenkt hat. All das ist Grund zum Danken und es ist Ermutigung, auf dem eingeschlagenen Weg weiterzugehen.

Wahrscheinlich komme ich nicht jeden Abend dazu, einen solchen Tages-Rückblick zu halten. Man kann es auch nur hin und wieder machen – vielleicht besonders dann, wenn man etwas Wichtiges erlebt, getan oder empfunden hat. Man kann solch einen Rückblick auch über einen längeren Zeitabschnitt halten, doch wird er dann allgemeiner sein und sich weniger auf einzelne Erlebnisse und Erfahrungen beziehen. Die Gefühle, die mit einzelnen Erfahrungen verbunden waren, sind dann nicht mehr so präsent und viele kleine Erlebnisse, die für den Moment aber von Bedeutung waren, sind einfach weg.

Zeit als Zeit der Stille, des Nachdenkens, des Bewusst-Machens, des Wahrnehmens, des Rückblickens – davon war nun viel die Rede. Ganz bewusst lege ich auf diesen Punkt eine besondere Betonung. Denn ich gehe davon aus, dass es unmöglich ist, mein Leben selbst in die Hand zu nehmen, ihm eine eigene Gestalt zu geben, wenn ich mir diese Zeit nicht nehme. Ob ich viel oder wenig Zeit für dieses innere Atem-Holen zur Verfügung habe, ist dabei meines Erachtens nicht so entscheidend. Entscheidend ist, „dass" ich überhaupt bewusst meine Zeit wahrnehme – und wenn es nur die Zeitlücken sind, die mir dafür bleiben. Wer sich keine Zeit nimmt, sein eigenes Leben wahrzunehmen und über den Kurs nachzudenken, der wird zum Spielball der Ereignisse. Er reagiert dann nur auf das, was auf ihn zukommt und nimmt den Platz auf der Kommandobrücke seines Lebens nicht ein.

Zeit für die schönen Dinge des Lebens

Zeit haben bedeutet für mich auch, Zeit zu haben für schöne Dinge; für das, was ich gerne tue, was mir Freude macht, was mir Entspannung bringt. Eine solche Sache ist für mich zum Beispiel das Spazierengehen – kein Jogging, um mich fit zu halten. Das kann man natürlich auch, aber das ist hier nicht gemeint. Einfach spazieren gehen und schauen und wahrnehmen – die Blumen, die gerade blühen; das Dorf mit seinen roten Dächern, das idyllisch in der Talsenke liegt; die Wolken, die vorüber ziehen; das Spiel von Licht und Schatten, das dadurch entsteht . . . Ich erkenne, in welch schöner Welt ich lebe, und mir wird bewusst, wie schön und wertvoll das Leben doch ist.

Natürlich zählen auch Hobbys zu den schönen Dingen. Doch sogar mein Hobby kann ich zum Beweis der eigenen Leistungsfähigkeit benützen. Ich nehme zum Beispiel an einem Wettbewerb teil und schon bin ich wieder im Stress. Ich muss mich ja vor den anderen beweisen. Die müssen doch sehen, wie gut ich bin! Hobby verstanden als Muße, als Entspannung ist zweckfrei. Ich male zum Beispiel ein Bild, nur für mich, ganz gleich, was dabei herauskommt. Es muss von niemandem beurteilt werden. Ich drücke durch das Malen einfach nur aus, was mich gerade innerlich beschäftigt. Ich male, weil es Spaß macht. Ist ein Bild dann gut gelungen, freue ich mich und fühle mich in meinem Selbstwert bestätigt, dass ich so etwas Schönes hinbekommen habe. Aber es ist kein Druck dahinter.

Ich kenne eine junge Frau, die in ihrem Wesen sehr zurückhaltend ist. Doch wenn sie Querflöte spielt, kennt man sie kaum wieder. Da kommt zum Vorschein, was an Gefühlen, was an Ausdrucksfähigkeit in ihr ist. Andere fühlen sich am meisten bei sich selbst, wenn sie singen oder wenn sie tanzen. Andere schreiben Gedichte und wieder anderen ist es am wohlsten, wenn sie mit zehn anderen einem einzigen Ball nachrennen können.

Gerade in ihren Hobbys fühlen viele Menschen sich am meisten bei sich selbst. Es ist etwas, was sie selbst gewählt haben, was sie gern tun, was ihnen entspricht, wo sie das zum Ausdruck bringen können, was in ihnen steckt. Deswegen ist die Zeit, die man mit Hobbys verbringt, so etwas wie Nahrung für die eigene Seele. Und offenbar auch etwas, was Gott gefällt: „Gott achtet dich, wenn du arbeitest. Aber er liebt dich, wenn du singst." Ich weiß nicht, wer dieses Wort gesagt hat – ich stimme ihm einfach zu.

Mit inneren Bildern leben

Malen hat mit äußeren Bildern zu tun. Doch oft sind die äußeren Bilder ein Ausdruck der Bilder, die in uns sind. Wer sich auf den Weg zu sich selbst macht, wird nicht umhin kommen, sich mit seinen inneren Bildern zu beschäftigen. Das kann unbequeme Auseinandersetzung bedeuten. Es kann aber auch dazu führen, dass wir einen Schatz entdecken, von dem wir gar nicht wussten, dass wir ihn besitzen. Bilder prägen uns sehr viel mehr als Worte. So können uns negative innere Bilder am Leben hindern, doch umgekehrt können uns verinnerlichte positive Bilder zum Leben helfen.

In einer Gruppe, an der ich teilnahm, bekamen wir folgende Aufgabe: Jeder von uns sollte sich vorstellen, er oder sie sei ein Baum. Welches Bild von einem Baum entsteht da in mir? Wir wurden aufgefordert, dieses Bild genau zu betrachten und es dann später zu beschreiben. In der anschließenden Gesprächsrunde war es sehr erstaunlich zu sehen, wie unterschiedlich die Bilder von den Bäumen waren, die die Teilnehmer vor sich gesehen hatten. Da gab es Apfelbäume mit dicken rotbackigen Äpfeln darauf, da gab es kleine Birken am Bach, da gab es eine Linde mit einem dicken Stamm mitten im Dorf, die für viele Vögel Behausung bot und Schatten gab für die Menschen. Da gab es aber auch kleine Tannen mitten im Wald, die kaum zu sehen waren, oder eine Latschenkiefer am Berg, die sich nur mit Mühe am Hang festgeklammert hatte. Welche Aussagen steckte in diesen Bildern!

Ich erinnerte mich an Psalm 1: „... der ist wie ein Baum, gepflanzt an Wasserbächen ..." Die Bibel spricht viel in Bildern. Sie spricht in Bildern von Menschen, sie spricht aber auch in vielen, vielen verschiedenen Bildern – und eben nicht in *einem* Bild – von Gott. Wir lesen über diese Bilder oft hinweg. Dabei könnten diese Bilder etwas in uns anrühren und verändern, wenn wir uns tiefer damit beschäftigen würden. Wie sieht mein „innerer Baum" aus? Bin ich wie ein solcher Baum an den Wasserbächen? Oder fühle ich mich nicht oft vielmehr wie ausgetrocknet? In einem späteren Kapitel möchte ich noch einmal auf dieses Bild vom Baum zurückkommen.

Vor einigen Jahren war ich zu Schweige-Exerzitien in einer Kommunität. In diesen Tagen des Schweigens tauchte ein inneres Bild in mir auf, das mir viel über mein Lebensgefühl sagte: Ich stand am Ufer des Meeres an einem Sandstrand. Ich stand direkt an der Kante, wo die Wellen den Sand erreichten. Immer wieder musste ich meinen Standort verändern, weil es den Sand unter mir wegspülte, weil der Boden unter meinen Füßen wegrutschte. Das Bild zeigte mir, wie unsicher ich mir war über das Fundament meines Lebens. Immer wieder musste ich Anstrengungen unternehmen, um festen Boden unter die Füße zu bekommen – immer wieder musste ich meine Daseinsberechtigung unter Beweis stellen.

In diese Situation hinein wurde mir ein Wort zugesagt, das Gott zu Mose gesagt hatte: „Siehe, es ist ein Raum bei mir, da sollst du auf dem Fels stehen" (2. Mose 33,21). Auf einem Felsen sollte ich stehen – auf einem festen Grund und nicht auf Sand. Dieser feste Grund ist das Ja Gottes zu mir: Ich bin ein Mensch, der von Gott gewollt ist (sonst gäbe es mich ja nicht) – das ist meine Existenzberechtigung und die gilt für alle Zeiten und muss nicht erst bewiesen werden. Wenn ich heute an diese Zusage denke, dann denke ich auch an die festen Wege, die ich damals während meiner Schweigetage gegangen bin. Ich erinnere mich an den festen Boden, den ich dort unter den Füßen gespürt habe. Indem ich mir diese inneren Bilder immer wieder vor Augen stelle, indem ich sie er-innere, bekommt die Zusage Gottes prägende Kraft für mein Leben heute: Ich stehe auf einem festen Grund.

Zeit zu haben für mich und diese Zeit mir füllen lassen mit dem, was Gott mir sagen will. Mir bewusst machen, was in mir ist; aufmerksam sein für das, was mir begegnet; offen sein und Zeit haben für die schönen Dinge des Lebens – das ist die Nahrung für ein Leben, in dem ich mehr und mehr zu mir selbst finde. In einem Essay in der Stuttgarter Zeitung zum Thema „Zeit" fand ich folgenden Satz: „Die menschliche Identität bildet sich gerade nicht durch die immer schnellere Folge von Erlebnissen, sondern durch die Integration von Vergangenheit, Gegenwart und Zukunft." Ich habe das für mich so übersetzt: Ich erinnere mich an das, was war, und überlege, was es heute für mich für eine Bedeutung hat oder welche Bedeutung ich ihm geben will. Das wiederum hat Einfluss darauf, wer ich in Zukunft sein werde und wie ich handeln will. Das macht meine Identität aus – und dafür brauche ich Zeit.

Es gilt also, der Zeit nicht nachzujagen, nicht immer mehr in immer weniger Zeit hineinpacken zu wollen, sondern hin und wieder anzuhalten. Es gilt die Zeit und in ihr das Leben zu „verkosten" (wie Ignatius von Loyola es nennt) – um so den Geschmack des Lebens zu spüren.

Zum Weiterdenken

■ Wo in meinem Wochenablauf möchte ich eine Zeit des Nichts-Tuns – des „Seins" vor Gott – des „Gedanken-Laufen-Lassens" einplanen? Wo kann ich mir dafür einen festen Platz schaffen und ihn so gestalten, dass er mir zur Ruhe hilft?
Falls das nicht zu verwirklichen ist: Wo gibt es in meinem Wochenablauf Zeitlücken? Wie will ich diese nutzen?

■ Vielleicht nehmen Sie sich zunächst für den Zeitraum von einer Woche vor, am Abend jedes Tages einen Tagesrückblick zu halten:

Was ist heute gewesen? Was hat mich gefreut? Was ist mir gelungen? Was ist mir nicht gelungen? Was war Schwieriges in diesem Tag? Wo bin ich verletzt worden? Was hat mich betrübt? Was geärgert?

Die schwierigen Dinge an Gott abgeben, um Vergebung bitten. Fragen: An welcher Stelle ist eine Veränderung bei mir notwendig?

Für die guten Dinge Gott danken. Seine Liebe darin erkennen. Sie als „Nahrung" in meine Seele aufnehmen. Sie im Herzen behalten als Ermutigung für weitere Schritte.

■ Habe ich schon lange den Wunsch, ein bestimmtes Hobby zu pflegen? Wann und wie tue ich den ersten Schritt dazu?

■ Bilder prägen. Versuchen Sie doch, die Übung mit dem inneren Sehen eines Baumes einmal für sich selbst zu machen:

Ich stelle mir vor, ich sei ein Baum. Ich lasse das Bild eines Baumes in mir aufsteigen. Wie sieht dieser Baum aus? Wo steht er? Welcher Witterung ist er ausgesetzt? Was für ein Baum ist es? Sich Zeit nehmen, den Baum zu betrachten. Was sagt dieser Baum über mein Lebensgefühl aus? – Zum Schluss kann ich mir selbst die Verheißung Gottes in Psalm 1 zusagen.

Wenn sich mein Bild sehr vom Bild des Baumes in Psalm 1 unterscheidet: Welche Schritte wären für mich möglich, um dem Bild des Baumes in Psalm 1 näher zu kommen?

Man kann diese Übung auch mit anderen Bildern machen. Zum Beispiel: Ich stelle mir vor, ich bin ein Schiff – oder: ein Haus. Es ist eine Hilfe, sich mit einem anderen Menschen über die Bedeutung des Bildes, das in mir aufgestiegen ist, auszutauschen.

6 Spüren, was Leben ist

Das Leben zu spüren, sich als lebendig zu erleben, das entsteht nicht aus dem Kopf, nicht allein aus dem Denken. Jeder „weiß", dass er lebt. Um sich lebendig zu fühlen, sich lebendig zu erleben, braucht es noch eine andere Dimension. Es braucht das Sehen, das Hören, das Berühren und das Sich-Berühren-Lassen. Alle Sinne sind daran beteiligt, unsere Wahrnehmung und unser Empfinden, unsere Gefühle. Über Gefühle zu reden ist nicht ganz einfach, denn da wird ein sehr persönlicher Bereich in uns berührt. Wenn wir uns aber damit beschäftigen, wer wir selbst sind und was uns im Innersten ausmacht, kommen wir nicht umhin, uns auch mit unseren Gefühlen zu beschäftigen.

Im Bereich unserer Gefühle sind wir am echtesten, weil wir die Entstehung unserer Gefühle nicht steuern können. Sie sind einfach da – ob es uns gefällt oder nicht. Was wir allerdings steuern können, ist der Umgang mit unseren Gefühlen. Wir können sie zulassen und zeigen, wir können sie aber auch nicht zulassen und verdrängen, unter Umständen soweit, dass wir sie selbst überhaupt nicht mehr wahrnehmen. Vorhanden sind sie trotzdem und sie melden sich dann vielleicht an Stellen, die sehr störend sein können. Wer zum Beispiel ständig Ärger hinunterschluckt, leidet unter Umständen irgendwann an Magengeschwüren. Depressionen können viele verschiedene Ursachen haben. Als eine mögliche Ursache werden nicht zugegebene Aggressionen vermutet. Die Wut, die eigentlich jemand anderem gilt, wird verinnerlicht und richtet sich schließlich gegen mich selbst in Form von Depressionen.

Es gibt Menschen, denen merkt man keinerlei Gefühlsregung an – weder positiv noch negativ. Solche Menschen wirken nicht gerade lebendig, eher etwas steril oder auch langweilig. Sie empfinden ihr Leben selbst oft als langweilig, weil emotionale Erlebnisse fehlen. Sie geben nicht gerade das Bild eines Menschen ab, dessen Leben reich und erfüllt ist.

Wenn es aber stimmt, dass der Mensch in seinen Gefühlen am echtesten ist, so ist es unumgänglich, nach den Gefühlen zu fragen, wenn wir über authentisches Leben reden. Kenne ich mich aus in meiner eigenen Gefühlswelt? Kenne ich andere mit ihren Gefühlen oder kenne ich nur ihre „Außenfassade"? Ich kann erst dann sagen, dass ich einen Menschen wirklich kenne, wenn ich ihn mit seinen Gefühlen erlebt habe.

Gefühle wahrnehmen

Bei einem Seelsorgekurs, an dem ich teilnahm, wurde am Beginn jeder Gruppensitzung gefragt: „Wie fühlst du dich?" Mir ging das bald auf die Nerven, ständig mein Innenleben zu erforschen und dann auch noch mitteilen zu sollen. Erst als der Kurs schon lange vorbei war, habe ich den Wert dieser Übung entdeckt. Ich habe gemerkt, dass diese Übung mir sehr geholfen hat, auf meine Gefühle zu achten und meine Gefühle überhaupt wahrzunehmen.

Was geht in mir vor? Was ist in mir da – an Freude, an Schmerz, an Trauer, an Ärger, an Wut? Wie oft spielen wir negative Empfindungen herunter und sagen: „Das hat mir nichts ausgemacht." Doch innerlich bohrt die Sache weiter. Hat es mir wirklich nichts ausgemacht? Oder hat es mich doch geärgert oder verletzt und ich möchte es bloß nicht zugeben? Wenn ich solche Aussagen bei anderen schon hinterfragt habe, kam oft heraus: „Na ja, ein bisschen gewurmt hat es mich schon." Manchmal stellt sich das „Bisschen" nach und nach als ganz schön großer Brocken heraus, der im Magen oder auf der Seele liegt.

Kennen Sie auch Menschen, die z.B. stolz darauf sind, dass sie bei einer Beerdigung nicht weinen mussten? Worauf sind die eigentlich stolz? Stolz darauf, sich verstellt zu haben? Oder hat sie der Tod dieses Menschen nicht berührt? War er ihnen gleichgültig? Normalerweise löst der Verlust eines Menschen Schmerzen und Trauer aus. Warum soll man das nicht zeigen dürfen? Warum zeigen wir so oft nach außen etwas anderes als das, was innerlich in uns vorgeht?

Selbst positive Gefühle zu zeigen ist nicht so ganz einfach. Wie oft lächeln wir über einen Menschen, der „die ganze Welt" an Glück oder großer Freude teilhaben lässt. Mein Mann und ich fuhren zusammen mit einer Mitarbeiterin im Sommer nach Südfrankreich. Bei jedem Sonnenblumenfeld und bei jedem Lavendelfeld stießen wir zwei Frauen „Ahs" und „Ohs" aus und „Guck mal dort!" und „Wie schön!". Mein Mann hielt uns für „ausgeflippt" und konnte es nicht unterlassen, ab und zu eine spöttische (wenn auch nicht bös gemeinte) Bemerkung fallen zu lassen. In diesem Fall standen wir beide zu unserem „Ausgeflippt-Sein", vor anderen Menschen hätte ich mich aber vielleicht doch mehr zurückgehalten.

Gesellschaftliche Normen hindern uns oft daran, unsere Gefühle zu zeigen. „Man" zeigt nicht einfach seine überschäumende Freude, „man" teilt sein großes Glück nicht ohne weiteres mit, sondern erzählt lieber „gut dosiert" davon. Und umgekehrt gilt Weinen in der Öffentlichkeit vielen als peinlich. Aber: Wer wahrgenommen werden will, wie er ist, muss es wagen, seine Gefühle zu zeigen. Ob wir von einem Menschen sagen: „Er ist echt", messen wir daran, ob wir seine Gefühle erkennen können.

Natürlich kann und soll niemand immer und überall und in jeder Situation seine Gefühle ausleben. Das wäre ein Missverständnis. Doch vor lauter Angst, uns in unseren Gefühlen zu zeigen, nehmen wir oft unsere Gefühle gar nicht mehr wahr. Wir lassen uns nicht berühren, lassen uns nicht ergreifen von den Dingen, die um uns herum geschehen. Fühlen heißt, eine Haltung empfangender Bereitschaft einzunehmen, so dass das, was auf uns zukommt, uns berühren darf. Das können Menschen sein, Begegnungen, Gespräche; es können Bilder sein, Musik, ein gelungener Tanz, das kann eine wunderschöne Blume sein und vieles mehr. Fühlen heißt immer, Kontakt aufzunehmen zu dem, was mir begegnet. Es heißt in Bezug zur Welt, die mich umgibt, zu leben.

Fühlen können, mich berühren lassen, bedeutet aber auch, dass wir uns nicht nur von den schönen Dingen anrühren lassen, sondern auch vom Leiden, das in dieser Welt unausweichlich ist. Nur ein Mensch, der in Bezug zu seinen Gefühlen lebt, kann echtes Mitgefühl entwickeln, kann wirklich mit-fühlend sein, wie es das Wort ja sagt.

Nicht selten allerdings machen Gefühle uns auch Angst. Wenn z.B. jemand in einem Gespräch unvermittelt in Tränen ausbricht, fühlen wir uns meist hilflos und wissen nicht, wie wir uns verhalten sollen. Wir möchten etwas tun, um die Sache schnell wieder in Ordnung zu bringen, und wissen doch nicht, was. Wir können die Tränen schlecht aushalten.

Und umgekehrt: Wenn wir selbst Gefühle zeigen, wenn wir selbst etwa weinen müssen, empfinden wir das in der Regel als Schwäche. Wir fühlen uns schutzlos und ausgeliefert oder schämen uns. Denn wenn wir Gefühle zeigen, bauen wir die Schutzmauer um uns herum ab und machen uns verletzlich. Dort, wo wir offen unsere Gefühle zeigen, kann uns ein anderer auch am tiefsten treffen und verletzen.

Die Angst davor, Gefühle zu zeigen, ist also nur allzu verständlich. Trotzdem kommen wir nicht darum herum, wenn wir einen Zugang zu unserem Inneren finden wollen, wenn wir wahrnehmen wollen, was in uns vorgeht. Wem dies sehr schwer fällt, der könnte es zunächst einmal mit nonverbalen (also nicht an Worte gebundenen) Möglichkeiten versuchen. Im Malen von Bildern können zum Beispiel Gefühle Ausdruck finden oder auch im Gestalten mit Ton oder anderen Materialien. Wenn man sich hinterher Zeit nimmt, sein „Werk" zu betrachten, wird man vielleicht etwas entdecken von dem, was in einem an Gefühlen und Empfindungen da ist. Auch Musizieren und Tanzen sind Möglichkeiten, einen Zugang zur oft unerschlossenen Welt meiner Gefühle zu finden.

Eine weitere Möglichkeit ist die, eine bewusstere Wahrnehmung einzuüben. Wir tun viele Dinge am Tag sehr mechanisch, ohne dass sie wirklich in unser Bewusstsein eindringen. Wir putzen uns die Zähne oder kämmen uns am Morgen und planen gleichzeitig innerlich die nächste Abteilungssitzung. Wir bekommen eine leckere Mahlzeit serviert, aber anstatt sie zu genießen, vertilgen wir sie und sind mit den Gedanken bei den fallenden oder steigenden Börsenkursen. Die Übung der Wahrnehmung besteht darin, die Dinge, die wir tun, bewusster und konzentrierter zu tun. Ein sehr einfaches Beispiel: Am Morgen beim Duschen bewusst wahrnehmen, wie das heiße Wasser über die Haut fließt und den Körper „aufweckt". Oder spüren, wie gut der heiße Kaffee schmeckt und die Kehle hinunterfließt – das geht natürlich nicht, wenn man dabei gleichzeitig die Zeitung liest. Oder über einen Gegenstand streichen und merken, wie er sich anfühlt, über einen Stoff zum Beispiel oder die Form eines Kruges. Das sind nur ein paar kleine Anregungen aus dem Alltagsleben. Im Grunde geht es darum, bewusster zu leben, bewusster zu sehen, zu hören, zu fühlen.

Manchem kommt das vielleicht alles ziemlich übertrieben vor. Im Bereich der Gefühle empfinden wir Übertreibungen leicht als peinlich, als sentimental oder rührselig. „Wie kann man sich nur so anstellen", sagen wir vielleicht etwas abschätzig. Doch wenn wir einen guten Umgang mit unseren Gefühlen lernen wollen, ist es sehr wichtig, dass wir uns selbst mit unseren Gefühlen nicht ablehnen. Gefühle gehören zum Menschen. Das zu akzeptieren und dazu Ja zu sagen, ist ein wichtiger Schritt auf dem Weg dahin, sich in seinen Gefühlen nicht abzulehnen, sondern vielmehr anzunehmen und zu verstehen. Es ist ein Teil der Selbstannahme. Dass es auf diesem Weg auch einmal einen Gefühlsüberschwang geben kann, liegt in der Natur der Sache. Man kann Gefühle nicht immer wohl dosieren. Würde man das versuchen, würde man unter Umständen das Kind mit dem Bade ausschütten und seine Gefühle ganz unterdrücken.

Angemessen mit Gefühlen umgehen lernen

Es geht also zuerst einmal darum, die eigenen Gefühle überhaupt wahrzunehmen. Einen Grundsatz möchte ich bei dieser Entdeckung unserer inneren Welt nicht unerwähnt lassen. Er lautet: Was da ist, darf da sein. Wir alle haben früh gelernt, unsere Gefühle zu zensieren. Freude ist gut, Wut ist böse; Trauer, Angst, Sorge sind unangenehm und deshalb schlecht; Liebe ist positiv, Ärger, Hass, Wut sind verboten . . . Dieser inneren Zensurbehörde gilt es erst einmal den Kampf anzusagen. Wut ist weder gut noch schlecht, sie ist Wut. Freude ist Freude. Was da ist, darf da sein.

In einem zweiten Schritt gilt es, den angemessenen Umgang mit den Gefühlen einzuüben. Menschen sind da sehr unterschiedlich.

Die einen müssen erst wieder das Weinen lernen (als Kind konnte es jeder!). Oder jemand muss lernen zu zeigen, dass er wütend ist und dass man wütend sein darf – auch als Christ. Umgekehrt heißt es natürlich auch zu zeigen, dass man sich freut – nicht nur im stillen Kämmerlein, sondern so, dass andere es sehen können. Gelegentlich darf man sogar „ausflippen", wenn man etwas ganz Besonderes erlebt hat.

Auf der anderen Seite gibt es Menschen, die haben überhaupt keine Probleme damit, ganz spontan Gefühle zu zeigen und ihren Gefühlen – mehr oder weniger unkontrolliert – offen Ausdruck zu geben. Doch echt zu sein in seinen Gefühlen heißt nicht, seine Gefühle immer und um jeden Preis spontan auszuleben. Kinder dürfen das und tun es auch. Ein erwachsener Mensch muss lernen, Gefühl und Verstand in Einklang zu bringen. Zum Wahrnehmen der Gefühle muss die Überlegung kommen: Ist es jetzt angebracht, meinen Gefühlen Ausdruck zu geben? Und wenn ja, wie? Man kann zum Beispiel nicht in jeder Situation seine Wut zeigen. Es gehört die Überlegung dazu, welche Konsequenzen es hat, wenn man es tut. Verträgt der andere, dem meine Wut gilt, meinen Wutausbruch? Welche Stellung habe ich ihm gegenüber? Welche Machtmittel hat er gegen mich?

Wenn ich zum Beispiel einem Vorgesetzten gegenüber unkontrolliert meine Wut herauslasse und ihn unter Umständen einen „Dummkopf" heiße, laufe ich Gefahr, mittelfristig meine Arbeitsstelle zu verlieren. Wichtig ist es trotzdem, meine Wut wahrzunehmen und zu überlegen, wie ich sie angemessen zum Ausdruck bringen kann. Das könnte zum Beispiel so aussehen, dass ich ein paar Tage später, wenn die Emotionen etwas abgeklungen sind, um ein Gespräch bitte und meinem Vorgesetzten sage, was mir missfallen hat.

Manchen Menschen würde man auch einfach schaden, wenn man sie ungebremst den eigenen Zorn spüren lassen würde. Lieblosigkeit ist nicht gemeint mit Echtheit, auch nicht ein rücksichtsloser Egoismus, der das Wohl eines anderen Menschen aus dem Blick verliert. Authentisch zu reagieren heißt vielmehr, der Situation angemessen zu reagieren: Was geht in mir vor? Welche Gefühle sind in mir da? Wie kann ich diesen Gefühlen Ausdruck verleihen? Was kann ich dem anderen zumuten und was nicht?

Im christlichen Bereich, das ist mein Eindruck, stehen wir allerdings eher in der Gefahr, Gefühle zu unterdrücken. Vor allem negative Gefühle halten wir für schlecht. Dabei gibt es keine schlechten
Gefühle. Gefühle sind einfach da – das können wir überhaupt nicht
verhindern. Gefühle sind Teil unserer Geschöpflichkeit – auch sie
sind von Gott geschaffen! Schlecht oder gut kann nur der Umgang
mit den Gefühlen sein. Und da kann man auf zwei Seiten vom Pferd
fallen. Die einen zeigen aus lauter Angst gar keine Gefühle – sie
brauchen die Ermutigung, ihre Gefühle zu akzeptieren und zu zeigen. Andere wiederum sind sehr spontan und handeln „aus dem
Bauch heraus" ohne Rücksicht auf Verluste – sie brauchen den Hinweis, ihren Verstand nicht außen vor zu lassen und die Überlegung
mit einzubeziehen, welche Konsequenzen ihre spontan geäußerten
Gefühle unter Umständen haben. Porzellan ist schnell zerschlagen
und meine Erfahrung ist, dass das Menschen des „spontanen Typs"
hinterher oft Leid tut.

Eine Angst, die in diesem Zusammenhang oft geäußert wird, ist
unbegründet. Niemand, der anfängt, seine Gefühle zu zeigen,
braucht Angst zu haben, er würde gleich „ausflippen". Genausowe-
nig wie jemand, der anfängt, sich selbst besser zu disziplinieren,
Angst zu haben braucht, er würde jetzt ein ganz zurückgezogener
Mensch werden. Es ist ganz selten, dass sich jemand so total verändert; Veränderung geschieht eher in Nuancen. Ich bleibe ich selber!
Es geht nicht um eine Kehrtwende meiner Person, sondern um eine
positive Gestaltung meines speziellen Temperaments und die Entfaltung meiner Persönlichkeit.

Fühlen – Denken – Wollen

Wir leben identisch mit uns selbst, wenn wir unsere Gefühle ernst
nehmen und sie mit unserem Verstand in Einklang bringen. Aus der
Kombination von Fühlen und Denken entsteht das Wollen und aus
dem Wollen unser Handeln. Der Sitz unseres Wollens – also der Sitz
unseres Willens, der Ort, wo unser Handeln gesteuert wird – ist für

die Bibel das „Herz". Wir abendländisch geprägten Menschen haben
in der Regel die Vorstellung, dass das Wollen seinen Sitz im Kopf
hat, also vom Verstand bestimmt wird. Mit Herz verbinden wir allein das Gefühl. Doch das biblische Denken ist ganzheitlicher. Es
geht davon aus, dass das Wollen nicht im Kopf – also nur vom Verstand her – entsteht, sondern im Herzen, in der Mitte des Menschen,
wo sich Gefühl und Verstand zusammenfinden.

Wer einen guten Zugang zu seinem „Herzen" hat, wer also die
Fähigkeit erworben hat, einen guten Zugang zu seinen Gefühlen zu
finden und diese mit seinem Verstand in Einklang zu bringen, der
wird lernen, reifere und gesündere Entscheidungen im Alltag zu
treffen und reifere und gesündere Verhaltensweisen anzunehmen.

Der wird zudem eine Fähigkeit erwerben, die wir mit Intuition
bezeichnen. Intuition ist mehr als Gefühl. Es ist ein tiefes inneres
„Wissen", dass eine Sache gut ist oder nicht, dass etwas stimmig oder
unstimmig ist. Wir sehnen uns ja oft danach, intuitiv zu wissen, was
in einer bestimmten Sache zu tun oder besser zu lassen sei. Wenn ich
authentisch leben will, ist diese Fähigkeit ganz wichtig. Ich kann lernen zu „spüren", ob eine Sache zu mir passt oder nicht, ob ich eine
Aufgabe übernehmen soll oder nicht. Ich werde auch ein feines
Gespür dafür entwickeln, wo Unrecht geschieht, wo vielleicht mit
unsauberen Methoden gearbeitet wird oder wo andere Menschen
überfahren und in nicht guter Weise manipuliert werden sollen.

Fühlen und mitfühlen

Je größer die Intensität im Fühlen und damit auch im Erleben ist,
umso reicher und erfüllter wird ein Leben sein. Ein reiches Gefühls-
leben ermöglicht es, Zugang zum Leben auf seinen verschiedenen
Ebenen und in seinen vielfältigen Erscheinungsformen zu finden.
Das bedeutet aber nicht, dass jemand, der so lebt, nun nur noch für
sich selbst da ist und sich ganz darauf konzentriert, sein Leben zu genießen. Zum Fühlen gehört das Mitfühlen. Menschen, bei denen
Mitgefühl gepaart ist mit dem Gespür dafür, was für sie selbst stim-

mig ist und was nicht, sind fähig zur Hingabe. Sie spüren auf der einen Seite die Not anderer Menschen, aber auf der anderen Seite haben sie auch die Fähigkeit, sich abzugrenzen. Sie *müssen* nicht helfen aus irgendeinem inneren Druck heraus, sondern sie helfen aus freien Stücken, aufgrund einer freien und bewussten Entscheidung.

Wer Zugang zu seinen eigenen Gefühlen hat, braucht auch nicht mehr zu fürchten, von einer Aufgabe „aufgefressen" zu werden. Er kann für sich selbst sorgen und kann Nein sagen. Er kann helfen, ohne eine Gegenleistung zu erwarten. Er freut sich über ein Dankeschön, doch er ist nicht darauf angewiesen und zieht sich auch nicht verbittert zurück, wenn der Dank ausbleibt. Es war ja seine eigene Entscheidung, Hilfe zu leisten – also ist ihm auch niemand verpflichtet. Wer aus solch einer inneren Haltung heraus hilft, wird auch die Menschen, denen er hilft, nicht bevormunden. Das kann ja beim Helfen schnell passieren, dass der andere durch meine Hilfe entmündigt wird. Ich als Helfer meine zu wissen, was gut für ihn ist und was nicht, und nehme ihm so seine eigene Entscheidungsfreiheit. Hilfe, die aus einer inneren Stärke heraus geschieht, wird immer den Willen und die Würde des Gegenübers respektieren. Wer sich seiner eigenen Würde als Mensch bewusst ist, wird versuchen, die Würde eines anderen Menschen nicht zu verletzen.

Fühlen lernen heißt auch mitfühlen lernen. Das ist nicht nur Theorie, nicht nur ein frommer Wunsch. Es gab Untersuchungen, die sich die Frage stellten: Was sind das für Menschen, die soziale Verantwortung übernehmen, die sich freiwillig für andere Menschen engagieren? Das Ergebnis mehrerer solcher Untersuchungen zeigte: Menschen, die sich sozial engagieren, sind oft Menschen, die gut für sich selber sorgen können, die einen guten Zugang zur eigenen Person haben und die ihren eigenen, zu ihnen passenden Lebensstil leben.

Zum Weiterdenken

Einige Hilfen, um die eigenen Gefühle besser wahrzunehmen:

- „Das macht mir nichts aus" – „Alles halb so schlimm" – „Schon gut . . ." – „Vergeben und vergessen" . . . Achten Sie einmal darauf, ob und wann Sie solche oder ähnliche Sätze gebrauchen. Und fragen Sie sich: Stimmen diese Sätze wirklich? Halten Sie ab und zu einmal inne und machen sich bewusst: Was geht in mir vor? Welche Gefühle spüre ich in mir?

- Vielleicht können Sie sich eine kreative Tätigkeit suchen und ausüben, die dabei hilft, Zugang zu den eigenen Gefühlen zu bekommen, zum Beispiel malen, musizieren, tanzen . . .

- Nehmen Sie sich immer wieder einmal vor, das, was Sie tun, ganz bewusst zu tun: Langsam und genussvoll frühstücken und den heißen Kaffee genießen; auf einer Bank im Freien sitzen und den Wind spüren, der mich umweht, und die Wärme der Sonnenstrahlen; mit einem Kind spielen und mich ganz auf seine Welt einlassen . . .

- „Wie gehe ich mit Gefühlen um?" könnte einmal ein Thema für einen Hauskreisabend sein. Da im Hauskreis vermutlich unterschiedliche „Gefühls-Typen" sind, könnte man sich gut gegenseitig helfen, einen guten Umgang mit seinen Gefühlen zu finden.

- Mitfühlen mit anderen Menschen. Wie sieht meine Hilfe für andere aus? Beurteile ich mein Engagement als für mich passend? Zu wenig? Zu viel? Was erwarte ich als Gegenleistung, wenn ich anderen Menschen helfe? Wie gehe ich um mit den Menschen, denen ich helfe? Weiß ich in erster Linie, was für sie gut ist, oder traue ich ihnen zu, selbst zu entscheiden, welche und wie viel Hilfe sie brauchen?

7 Was will ich eigentlich?

„Was will ich?" Sobald man sich auf den Weg zu sich selbst macht, wird diese Frage zum ständigen Begleiter. Das gilt zuallererst für Alltagssituationen. Wie viele Anfragen kommen da ständig auf uns zu: bei diesem oder jenem Projekt mitzuarbeiten, für -zig verschiedene gute Zwecke zu spenden, an einer bestimmten Veranstaltung teilzunehmen usw. Da ist es gut, nicht jede Anfrage sofort mit einem Ja zu beantworten, sondern erst einmal kurz innezuhalten und sich selbst zu fragen: „Was will ich eigentlich?" Will ich das wirklich tun, um was ich gefragt werde? Ist es gut für mich? Ist es gut für die anderen? Welchen Preis kostet es? Sofern es sich nicht nur um eine Kleinigkeit handelt, ist es oft eine Hilfe, sich eine Bedenkzeit zu erbitten.

So habe ich mir zum Beispiel angewöhnt, Anfragen nach Reisediensten nie sofort am Telefon zuzusagen. Ich bitte die Anrufer, später noch einmal nachzufragen, damit ich Zeit habe, eine gute Entscheidung zu treffen, die nicht aus einer Augenblickslaune heraus kommt oder daher, dass ich mich nicht traue, Nein zu sagen. Ich möchte Zeit haben zu überlegen, was mit dieser Terminanfrage eventuell noch zusammenhängt, um dann zu einem wirklichen Ja oder auch einem Nein zu kommen.

Doch – weiß ich überhaupt, was ich will? Ich habe festgestellt, dass viele Menschen ihre Wünsche und Bedürfnisse gar nicht kennen. Vielleicht haben sie in ihrer Kindheit die prägende Erfahrung gemacht, dass sie mit ihren Wünschen nicht gehört werden oder dass eigene Wünsche nicht gefragt sind. So haben sie ihre Wünsche irgendwo ganz tief begraben, so tief, dass sie sie selbst kaum noch wahrnehmen. Doch die Wünsche sind trotzdem vorhanden. Sie sind nur mit einem dicken Deckel zugedeckt. Die Frage ist: Wie kann man wieder einen Zugang dazu finden? Denn eigene Wünsche und Bedürfnisse wahrzunehmen und zu formulieren ist ein wichtiger Schritt auf dem Weg zu sich selbst.

Fünfzig Wünsche

Es gibt eine gute Übung, um seinen Wünschen auf die Spur zu kommen: Schreiben Sie einmal ganz spontan 50 Wünsche auf – ohne „Zensur", ohne die Überlegung, ob diese Wünsche realisierbar sind oder nicht. Denn ein Grund, warum wir unsere Wünsche oft nicht hochkommen lassen, ist der Gedanke: „Das wird ja doch nichts." Um uns Enttäuschungen zu ersparen, lassen wir lieber unsere Wünsche gar nicht erst bis in unser Bewusstsein vordringen. Irgendwie scheint uns die Vorstellung einprogrammiert zu sein, dass Wünsche, die ausgesprochen sind, auch erfüllt werden müssten. Werden sie es nicht, sind wir enttäuscht und das verursacht Schmerzen. Diese Schmerzen wollen wir uns gern ersparen. Nur – auf diese Weise gewöhnen wir uns an, unsere Wünsche gar nicht erst in unser Bewusstsein dringen zu lassen. So bleiben auch die Wünsche verborgen, die sich vielleicht erfüllen ließen. Wir wissen dann oft einfach nicht, was wir wünschen und was wir wollen.

Diese inneren Sperren zu überwinden und die verborgenen Wünsche ans Licht zu bringen, das ist der Sinn der Übung mit den 50 Wünschen. Die Wünsche sollen einfach wild durcheinander aufgeschrieben werden und können ganz verschieden sein, wie zum Beispiel: Rote Stöckelschuhe, ein schickes Abendkleid, eine Weltreise, Italienisch lernen, mehr Zeit für Freunde haben, jeden Tag Pommes frites essen, Gott neu begegnen, ein Buch schreiben, berühmt werden . . . nur um einmal eine Spur zu legen.

Erst im zweiten Durchgang wird sortiert. Was sind Wünsche, die in meinen jetzigen Lebensumständen tatsächlich nicht erfüllbar sind (zum Beispiel mit vier kleinen Kindern eine Weltreise zu machen, ist etwas utopisch)? – Oder: Was kosten die roten Stöckelschuhe? Wenn ich mir überlege, dass sie hier im Dorf kaum passend sind und ich vielleicht nur zwei bis drei Mal im Jahr Gelegenheit haben werde, sie zu tragen – sind sie mir den Preis dann wirklich wert? – Oder: Was sind die Folgen, wenn ich jeden Tag Pommes frites esse? (Brauche ich, glaube ich, nicht zu erklären!)

Ich werde aber auch auf Wünsche stoßen, bei denen ich mich frage: „Warum eigentlich nicht?" Ich werde mir dann die zweite Frage stellen müssen: „Was kostet es, diesen Wunsch zu verwirklichen? Was kostet es an Zeit, an Geld, an Mut, an innerer Überwindung usw.? Wen brauche ich für die Erfüllung dieses Wunsches? Gibt es diesen Menschen? An welcher anderen Stelle muss ich verzichten – oder Geld einsparen, um mir diesen speziellen Wunsch zu erfüllen?" Und die dritte Frage heißt dann: „Bin ich bereit, den Preis, den die Erfüllung dieses Wunsches kostet, zu bezahlen?"

Vielleicht stoße ich bei dieser Übung auf im Stillen schon lang gehegte Wünsche, die ich aber immer für unerfüllbar hielt. Bei genauem Hinsehen und Überlegen werde ich feststellen, dass doch manches möglich sein könnte. Wahrscheinlich sind viel mehr Wünsche erfüllbar, als ich gedacht habe. Am Schluss ist es gut, festzulegen, welchen Wunsch bzw. welche zwei oder drei Wünsche ich jetzt verwirklichen will. Mehr als ein bis drei Dinge kann ich nicht auf einmal umsetzen, da wäre das Scheitern vorprogrammiert. Viel besser ist es, mir hin und wieder Zeit zu nehmen, um an meiner „Wunschliste" zu arbeiten, Neues hinzuzufügen oder zu überlegen, für welchen Wunsch jetzt die Zeit reif wäre. Wünsche sind eine starke Antriebskraft nach vorne, eine starke Antriebskraft auf dem Weg zu sich selbst! Sie sind ein Weg, meiner eigentlichen, tiefsten Lebenssehnsucht auf die Spur zu kommen und zu entdecken, „was mein Herz wünscht" (Psalm 37,4).

Wissen, wofür ich lebe

Wer sich die Frage stellt: „Was will ich?", fragt damit nicht nur nach Alltagssituationen und momentanen Wünschen. Die Frage ist viel umfassender. Sie beinhaltet letztlich die Frage nach dem Lebenssinn: „Was will ich mit meinem Leben?" Wenn ich hin und wieder jemandem diese Frage im Gespräch stellte, habe ich meistens nur erstaunte Gesichter als Antwort bekommen. Die meisten Menschen machen sich über diese Frage wenig Gedanken. Sie leben einfach von dem, was auf sie zukommt.

Doch wenn ich mein Leben so gestalten will, dass es unverwechselbar *mein* Leben ist, wenn ich ein Leben führen will, in dem ich meine Möglichkeiten ausschöpfen und Erfüllung finden möchte, muss ich eine Antwort geben können auf die Frage, was Sinn und Ziel meines Lebens ist. Ich gebe damit meinem Leben eine Richtung und lasse mich nicht ständig von allem Möglichen hin und her reißen. Ich mache nicht einfach mit, was andere tun. Ich lasse mich auch nicht von jeder Mode, die gerade „in" ist, beeinflussen, sondern ich entwickle meinen eigenen Lebensstil. Wenn ich über Sinn und Ziel meines Lebens Auskunft geben kann, habe ich Kriterien an der Hand, durch die ich im Einzelfall entscheiden kann, was ich will und was ich nicht will.

Gleichzeitig bekommt mein Leben mit der Antwort auf die Frage: „Was will ich?" eine Zukunftsorientierung. Mein Leben ist dann nicht gekennzeichnet von Alltagsroutine ohne Perspektive, sondern es gibt etwas, für das ich unterwegs bin, was ich verwirklichen will, wofür ich gebraucht werde. Ich werde mein Leben als erfüllt und sinnvoll ansehen – auch unter schwierigen äußeren Umständen, wenn ich zum Beispiel arbeitslos werde.

Denn die Antwort auf die Frage, was ich mit meinem Leben will, muss über den Beruf hinausgehen. Sie muss auch über die Familie hinausgehen. Das Ziel muss größer sein. Ich werde, wenn ich über diese Thematik spreche, oft gefragt, welche Antwort ich selbst auf diese Frage gebe. Ich kann sie in einem Satz formulieren: „Ich möchte mithelfen, dass Menschen ihr Leben entfalten können." Deswegen schreibe ich zum Beispiel dieses Buch. Mithelfen, dass Menschen ihr Leben entfalten, kann ich an vielen Stellen. Ich kann es in einer beruflichen Tätigkeit, ich kann es in der Familie bei meinen Kindern, ich kann es aber auch darüber hinaus tun in einem ehrenamtlichen Engagement für ganz verschiedene Menschen. Je nach Lebensphase wird die Umsetzung dieses Lebenszieles anders aussehen. Doch ich weiß, für was ich unterwegs bin.

Wie kann man für sich selbst auf die Frage „Was will ich mit meinem Leben?" eine Antwort finden? Für die Antwort kann man zwei Spuren verfolgen. Die eine Spur ist: Was steht mir zur Verfügung? Welche Talente? Welche Gaben? Welche finanziellen Mittel? Wie viel Zeit? Wie viel Kraft? Gott hat jeden Menschen mit bestimmten Gaben und Begabungen ausgestattet, Begabungen, die sich vor allem in ihrer Kombination von denen anderer Menschen unterscheiden. Das macht die Originalität eines Menschen aus. Von Gott ist es nicht vorgesehen, dass unsere Gaben und Begabungen brach liegen. Wir sollen uns an ihnen freuen. Die Freude an den vielfältigen Möglichkeiten, die uns zur Verfügung stehen, wird vor allem darin Ausdruck finden, dass wir unsere Begabungen gebrauchen und entfalten und andere daran teilhaben lassen.

So ist zunächst zu überlegen: „Welche Gaben hat Gott in mich hineingelegt?" „Wie kann ich sie entfalten und gebrauchen?" „Welche Möglichkeiten liegen in meiner derzeitigen Lebenssituation?" „Was tue ich gern?" „Was macht mir Freude?" Die Antworten wird man vielleicht nicht auf Anhieb finden, aber bei intensiver Suche bestimmt. Auch andere können einem bei dieser Spurensuche helfen. Darüber hinaus gibt es ja inzwischen eine ganze Reihe von Büchern und Tests zu diesem Thema.

Neben der Frage nach den Gaben spielt aber noch eine andere Frage eine wichtige Rolle. Im letzten Kapitel war vom Mitfühlen die Rede, davon, dass ich mich berühren lasse von dem Leid in der Welt. Wo berührt mich etwas besonders? Welche Not, die ich sehe, macht mir besonders zu schaffen? Welche Menschen liegen mir besonders am Herzen? Denn Tatsache ist ja, dass ich nicht die Not der ganzen Welt lindern kann. Gerade deshalb ist die Frage, für was ich mich einsetzen will, so wichtig. So kann ich mich vor der Überforderung schützen, immer und überall helfen zu müssen.

Im Grunde stelle ich mit der Frage: „Was will ich mit meinem Leben?" die Frage nach meiner Berufung. Manchem wird das vielleicht ein zu großes Wort sein. Dabei hat Berufung ganz einfach etwas mit einem Ruf zu tun. Welcher Ruf ergeht an mich? Habe ich diesen Ruf – diesen Ruf Gottes – für mein Leben schon vernommen? Manchmal spricht Gott laut und deutlich. Für Paulus zum Beispiel war der Ruf Gottes unüberhörbar (Apg. 9) oder auch für Mose oder Jeremia. Aber manchmal spricht Gott auch mit leiser Stimme und man muss still werden und genau hinhören, um seinen Ruf zu vernehmen. Gott kann auch durch die Gaben sprechen, die er in einen Menschen hineinlegt, durch Lebensumstände, durch Aufgaben oder Menschen, die er jemanden vor die Füße legt. Entscheidend dafür, ob man den Ruf Gottes vernimmt, ist eine Lebenshaltung, die bereit ist, auf den Ruf Gottes zu hören.

Manchmal geschieht es, dass es einem irgendwo ganz tief im Inneren klar ist, was man tun soll, doch man lässt dieses Wissen lieber nicht so ganz deutlich ins Bewusstsein dringen, weil man spürt, dass es etwas kosten würde, diesem Ruf zu folgen. Lieber bleibt man im Fragen stehen und wartet auf ein „eindeutiges" Zeichen von Gott. Solange dieses Zeichen nicht da ist, braucht man auch nicht aufzubrechen. Man kann weiter seinem Sicherheitsdenken das Vorrecht einräumen und braucht Angst und Bequemlichkeit oder einfach die eigene Trägheit nicht zu überwinden. Man kann im Gewohnten weitermachen. Ob man so dem Ruf Gottes gerecht wird? Manchmal gibt Gott ja solch ein „eindeutiges" Zeichen, oft aber auch nicht. Gefragt ist unsere Bereitschaft, dem Ruf Gottes zu folgen – allein im Vertrauen auf ihn und auf seine Zusage, dass er mit uns sein wird.

Allerdings – und das soll nicht ungesagt bleiben – ist es bei größeren Lebensentscheidungen geraten, sich mit anderen, erfahrenen Christen zu beraten. Auch die eigene verstandesmäßige Überlegung, das Bedenken aller Faktoren, die eine Rolle spielen, ist sehr wichtig. So kann man prüfen, ob man den Ruf Gottes auch richtig verstanden hat. Ob man dem Ruf Gottes folgt, wird sich daran zeigen, ob man mit dem Herzen dabei ist. Der Ruf Gottes ist nie nur ein Job, den man macht wie einen anderen Job auch. Eine Berufung ist etwas, von dem man innerlich ergriffen ist und in das man sich ganz hineininvestiert.

Wenn man über Sinn und Ziel seines Lebens Auskunft geben kann, wenn man weiß, wofür man sich im Leben einsetzen will, hat das für das eigene Leben eine sehr positive Konsequenz. Das Leben gewinnt an Konzentration. Ich werde wegkommen von der Zerrissenheit, die daher rührt, dass ich meine, auf alle möglichen Angebote, Anforderungen und Erwartungen reagieren zu müssen. Ich werde wegkommen von dem Sog, alles mitmachen zu müssen, was „man tut", oder überall dabei gewesen zu sein. Konzentriert bin ich da, wo ich Interesse an einer Sache habe, wo ich von etwas fasziniert bin, wo ich eben „ganz bei der Sache" bin. Wenn nun mein

Interesse eine bestimmte Richtung bekommt, wenn ich von etwas begeistert bin und ergriffen von einer Sache, die mir entspricht und für die ich mich investieren will, bekommt auch mein Leben eine Richtung, eine klare Aus-Richtung, und ich fühle mich weniger innerlich zerrissen.

Sich so für bestimmte Aufgaben zu investieren, ist etwas anderes als das „Getrieben-Sein", von dem im ersten Kapitel die Rede war. Man handelt nicht aus einem inneren Druck oder einer inneren Leere heraus. Man muss sich und anderen nichts beweisen. Man muss keine Leistung bringen, weil man sich nur gut fühlt, wenn man etwas leistet. Man tut Dinge auch nicht um der Anerkennung willen – jedenfalls nicht in erster Linie (ganz lupenrein sind unsere Motive fast nie). Doch das Hauptmotiv, aus dem heraus man sich für etwas engagiert, ist einfach dies: Weil man es möchte. Man hat den Ruf Gottes für das eigene Leben gehört und spürt, dass das eigene Leben nicht die Erfüllung findet, die es finden soll, wenn man diesen Ruf für sein Leben nicht verwirklicht.

Zum Weiterdenken

▦ Die im Text beschriebene Übung „50 Wünsche" machen. Vielleicht bekomme ich die 50 Wünsche nicht auf einmal aufs Papier, dann kann ich die Übung auch in mehreren Etappen durchführen. Zur Erinnerung: Keine Zensur! Auch die „merkwürdigen" und trivialen Wünsche aufschreiben – alle Menschen haben solche Wünsche, nur gibt sie keiner gerne zu. Die „Wunschliste" aufheben und immer wieder einmal anschauen und daran arbeiten.

▦ Ein Buch über „Gaben" lesen oder einen „Gabentest" machen. Oder im Hauskreis einen Abend unter das Thema stellen: „Wer hat welche Gaben?" Dabei ist es gut, wenn zuerst jeder selbst überlegt, welche Gaben er oder sie hat. Andere können anschließend ergänzen, welche Gaben sie bei den Einzelnen sehen.

▦ Von welcher Not in dieser Welt bin ich besonders betroffen? Lasse ich mich überhaupt betreffen? Wenn mich nichts betrifft, wäre die Überlegung gut: Für wen lebe ich? Lebe ich nur für mich selbst (und eventuell meine Familie)? Oder lebe ich für den, der für mich gestorben und auferstanden ist (2.Kor.5,15)? Das bedeutet in der Praxis immer, sich einzusetzen für eine konkrete Aufgabe – für andere Menschen. Es ist die Frage nach meiner Hingabe.

▦ Die beiden vorangegangenen Überlegungen sollen zur „Spurensuche" helfen für die Frage: Welcher Ruf Gottes ergeht an mich? Habe ich tief in mir eine Ahnung, was dieser Ruf sein könnte? Mit wem könnte ich darüber sprechen?

8 Anders leben

Im Einklang mit sich selbst leben – das ist nicht nur eine Sache, die sich im Inneren eines Menschen abspielt, obgleich der Weg dazu im Inneren beginnt. Wenn der Weg ernsthaft und echt ist, wird er mit der Zeit nach außen sichtbar werden und sich in einem bestimmten Lebensstil zeigen. Kennzeichen eines solchen Lebensstils sollen in diesem Kapitel beschrieben werden. Dabei kann es sich natürlich nur um Leitlinien handeln. Denn es geht ja in diesem Buch ausdrücklich um die Originalität eines Menschen und so hat jedes Leben sein eigenes Gesicht. Trotzdem – wenn wir an Menschen denken, von denen wir den Eindruck haben, dass sie echt sind, dass sie authentisch leben, werden wir feststellen, dass bei vielen bestimmte Merkmale im Lebensstil erkennbar sind.

Was sind solche Merkmale oder Kennzeichen eines authentischen Lebensstils?

Ich lasse mir mein Leben etwas kosten

Zu mir selbst finden – der Mensch werden, der ich zutiefst sein soll – das erinnert mich an das Bild vom Schatz im Acker (Matth.13,44). Ein Mensch findet einen kostbaren Schatz, der verborgen im Acker liegt. Seine Freude ist groß. Doch um diesen Schatz zu bekommen, muss er alles verkaufen, was er hat. Nur so kann er den Acker kaufen. Offenbar macht es ihm nichts aus, alles, was bisher wertvoll war, einzusetzen. Es scheint, dass er sogar begeistert alles hergibt, weil er weiß, dass er für diesen Einsatz etwas viel Kostbareres gewinnt.

So ähnlich ist es auch mit dem Weg zu mir selbst. Ich gewinne etwas Kostbares – nämlich ein Leben, das mir zutiefst entspricht und Erfüllung verheißt. Doch wie den Schatz im Acker bekomme ich es nicht, ohne dass ich etwas dafür hergebe. Der Weg zu mir selbst beginnt mit der Bereitschaft loszulassen. Zweitrangiges hergeben, um dafür etwas Besseres zu gewinnen. Das klingt einleuchtend, aber es ist deswegen nicht weniger schwer. Auch den Abschied von Zweitrangigem können wir zunächst als Opfer und Verzicht empfinden – mindestens so lange, bis wir das Bessere erkennen, das wir dafür eintauschen. Aber ohne diese Bereitschaft zum Opfer und Verzicht werde ich meinen „Schatz im Acker" nicht heben können. Wer alles im Leben mitnehmen will, wird nicht zu einem eigenen Lebensstil finden.

Zunächst einmal heißt es ja, diesen breiten Pfad der Mehrheit, zu tun „was man tut", zu verlassen. Doch wenn ich nicht mehr mit dem Strom schwimme, schwimme ich gegen den Strom. Das kann im alltäglichen Leben so aussehen, dass ehemals vertraute Menschen mich nicht mehr verstehen, mein Handeln nicht gutheißen und sich von mir distanzieren. Ich kann mich nicht mehr aufgehoben fühlen in der großen Masse, sondern stehe vielleicht eher am Rande. „Wie kann man nur . . .", werden sie vielleicht von mir sagen.

Wie kann man nur eine gut bezahlte Stelle aufgeben und sich für eine Sache einsetzen, bei der man nur ein Bedarfs-Gehalt bekommt? Das haben Mitarbeiter und Mitarbeiterinnen in unserem Lebenszentrum schon oft hören müssen. Doch für sie zählt, dass sie eine Arbeit tun, von der sie überzeugt sind und für die es sich in ihren Augen einzusetzen lohnt. Junge Menschen auf ihren Weg ins Leben zu begleiten – und hin und wieder auch Früchte dieser Arbeit mitzubekommen, das hat für sie mehr Wert als ein beeindruckender Gehaltszettel.

An manchen Stellen werde ich vielleicht auch nicht mehr mitreden können, weil vieles, was gerade „in" ist, mich nicht interessiert und ich nicht bereit bin, Zeit dafür zu investieren. Jetzt gerade, wo ich dieses Buch schreibe, ist „Big Brother" das Fernsehereignis. Ich bin der Ansicht, dass diese Sendung der Würde des Menschen entschieden widerspricht. Deshalb weigere ich mich, diese Sendung anzuschauen – auch nicht, um sie einmal gesehen zu haben. Kürzlich wurde in einer Nachrichtensendung auf einen „Zlatko-Effekt" angespielt. Offenbar ging der Nachrichtensprecher davon aus, dass jeder wusste, was damit gemeint war. Doch ich verstand zunächst nicht, worum es ging. Erst nach und nach begriff ich, dass hier ein Zusammenhang zu „Big Brother" angesprochen war. Allerdings – einen Trost habe ich und mit mir bestimmt viele andere ebenso: Bis dieses Buch gedruckt ist, weiß wahrscheinlich kaum noch jemand, wer „Zlatko" ist.

Ein bisschen hautnaher habe ich Ähnliches erlebt, als ich vor ein paar Jahren im Krankenhaus lag. Meine Zimmernachbarinnen interessierten sich vor allem dafür, wie es Harald Juhnke geht oder anderen Prominenten, die die Titelblätter einer bestimmten Sorte von Zeitschriften füllen. Da ich diese Zeitungen nicht lese, war ich nicht im Bilde und so waren die Gesprächsthemen, über die man sich miteinander unterhalten konnte, doch sehr begrenzt (obwohl mir eine Bekannte extra eine entsprechende Zeitschrift mitbrachte, um meiner Bildung etwas auf die Sprünge zu helfen!). Als eine der Frauen dann noch erzählte, dass sie schon einmal im Krankenhaus gewesen sei und es damals immer recht lustig war, musste ich aushalten, dass es mit mir wohl nicht in der gleichen Weise lustig werden würde. Ich hoffe trotzdem, dass ich ihr dafür etwas anderes geben konnte, zum Beispiel ihr behilflich gewesen zu sein, wo sie es selbst nicht konnte, ihr zugehört oder sie ermutigt zu haben.

Nicht mehr nur das zu tun, was „man tut", heißt auch, dass ich mehr eigene Verantwortung für mein Leben übernehmen muss. Ich muss bewusster eigene Entscheidungen treffen und kann mich nicht einfach ungeprüft einer Mehrheitsentscheidung anschließen und sicher fühlen in dem Bewusstsein, dass es ja alle so machen. Denn Mehrheitsentscheidungen müssen nicht unbedingt richtig sein. Wenn zum Beispiel die Mehrheit Steuern hinterzieht, so bleibt das trotzdem falsch. Es ist auch nicht unbedingt die Mehrheit, die Veränderungen zum Besseren in einer Gesellschaft bewirkt – oft sind es gerade engagierte Minderheiten, die das tun. Wir brauchen nur an die Partei der Grünen zu denken und daran, wie viel Ablehnung und Spott diese Partei zunächst erfahren hat. Doch ohne sie wäre das Bewusstsein für Umweltfragen bei uns nicht in dem Maße gewachsen, wie es in den letzten Jahren der Fall war – auch wenn es da noch immer viel zu tun gibt.

Ein einfacher Lebensstil

Ein weiteres Kennzeichen eines authentischen Lebensstils ist Einfachheit. Das meint keine zur Schau getragene Armut oder eine Kargheit des Lebens, bei der man sich selbst nichts gönnt. Es geht auch nicht darum, aus der Armut eine Ideologie zu machen. Doch ist es gut, im Bewusstsein zu behalten, wie verführerisch der Sog, immer mehr zu verdienen und sich immer mehr leisten zu können, ist. Für die meisten Menschen ist es *das* erstrebenswerte Ziel und man kann sich dieser Haltung gar nicht so leicht entziehen. Lässt man sich aber in diesen Sog hineinziehen, bekommt das Ziel, möglichst viel Geld zu verdienen, Priorität. Andere Lebensentscheidungen müssen sich dann diesem Ziel unterordnen – auch die Entscheidung für einen Lebensstil, der dem eigenen Inneren eigentlich mehr entsprechen würde.

Dazu kommt, dass nicht nur der Erwerb von Besitz Zeit und Kraft braucht, sondern auch die Pflege von Besitz. Das gilt schon für ganz kleine Dinge. Wenn ich zum Beispiel in meiner Wohnung viele Kunstgegenstände oder kunstgewerbliche Kleinigkeiten habe, brauche ich Zeit, um alles von Zeit zu Zeit abzustauben. Am deutlichsten kann man die Konsequenz, dass Besitz Pflege braucht, am Besitz eines Hauses aufzeigen. Viele Menschen, die ein Haus haben, sagen: „Wenn man ein Haus hat, gibt es immer etwas zu tun." Damit soll nichts gegen den Besitz eines Hauses gesagt werden. Für viele – gerade für Schreibtischmenschen – ist es ja ein guter Ausgleich, sich praktisch in Haus und Garten zu betätigen. Es ist lediglich ein Beispiel dafür, dass es so etwas wie ein Lebensgesetz ist, dass Besitz normalerweise Zeit beansprucht und Kräfte bindet. Entscheidet sich jemand bewusst dafür, dann ist das ja in Ordnung. Doch manchmal habe ich den Eindruck, dass Menschen sich für den Erwerb einer Sache begeistern, aber nicht darüber nachdenken, welche „Folgekosten" sich daraus ergeben. Man kauft um des Kaufens willen. „Shopping" zählt in unserer Konsumgesellschaft inzwischen mit zu den beliebtesten Freizeitgestaltungen. Oft genug dient es dazu, eine ahnungsweise wahrgenommene, innere Leere auszufüllen und den Hunger der Seele zu betäuben.

Ein sehr eindrückliches Beispiel für die „Folgekosten" eines Besitzes habe ich einmal unfreiwillig miterlebt. Freunde hatten mir ihre Wohnung in einer Ferienhaus-Anlage zur Verfügung gestellt, damit ich ein paar Tage Urlaub machen könne. Zwei Frauen unterhielten sich von Balkon zu Balkon und ich musste notgedrungen mithören. „Eigentlich wollte ich gar nicht herkommen", sagte die eine. „Bei uns zu Hause im Garten blühen gerade wunderschön die Rosen und da wäre ich am liebsten zu Hause geblieben. Aber nun haben wir ja die Wohnung hier am See, da muss man halt auch danach schauen." So ein Wahnsinn, dachte ich: Da hat sie ihren schönen Garten und kann ihn nicht genießen, weil auch noch diese Wohnung da ist ...

Um nicht missverstanden zu werden: Ich habe nichts gegen Ferienwohnungen! Ich war ja selbst der Nutznießer einer solchen Wohnung. Wenn jemand mitten in der Stadt wohnt, ohne Grünflächen oder Natur in der Nähe, gehört es vielleicht gerade zur Lebensqualität, einen Rückzugsort im Grünen zu haben. Die Frage ist: Warum besitze ich etwas? Gibt der Besitz dem Leben mehr Qualität oder ist er eher Ballast, der viele Kräfte bindet und das Leben eher einschränkt als bereichert?

Deswegen lautet die Frage für den einfachen Lebensstil:

- Habe ich alles, was ich brauche? Und:
- Brauche ich alles, was ich habe?

In diesem Satz steckt beides: Ich kann mir ruhig etwas gönnen, was mehr Freude ins Leben hineinbringt. Was die Lust am Leben fördert. Das werden bei verschiedenen Menschen ganz verschiedene Dinge sein. Und: Ich kann es mir ebenso leisten, mein Leben zu vereinfachen, es zu befreien von Dingen, die das Leben unnötig belasten und Zeit und Geld und Kräfte binden. So ist es eine gute Übung, von Zeit zu Zeit zum Beispiel seine Schränke zu durchforsten und unnötige Dinge wegzugeben. Das erspart den Kauf eines neuen Schrankes und macht das Leben leichter und freier.

Je einfacher – und auch je geregelter – das äußere Leben ist, umso mehr Freiraum entsteht, das innere Leben zu entwickeln. Mit äußerer Einfachheit nimmt der innere Reichtum zu, weil er nicht mehr von zu vielen äußeren Einflüssen zugedeckt wird. Außerdem gewinnt man, wenn man sein Leben vereinfacht, Zeit – Zeit für sich. Es gibt heute immer mehr Menschen, die den Wert der Zeit höher schätzen als den Wert materieller Dinge.

Erfolg und Karriere

Der Wunsch, Erfolg zu haben, ist etwas Positives. Ich verstehe unter Erfolg: etwas, was ich mir vorgenommen habe, auch zu erreichen; etwas qualitativ gut zu machen; etwas zu meiner eigenen und zur Zufriedenheit anderer fertig zu bringen und dafür auch Anerkennung zu erhalten. Diese Bestrebung ist gesund und zutiefst im Menschen angelegt. Daraus bezieht man ja auch zu einem guten Teil sein Selbstwertgefühl. „Ich bin jemand, der etwas kann!" Eine Portion gesunder Ehrgeiz ist eine gute Triebfeder, im Leben etwas Positives zu leisten.

Kritisch wird es, wo es nicht mehr darum geht, eine Sache gut zu machen, sondern nur noch darum, Anerkennung zu bekommen. Wo es eben nicht mehr um die Sache geht, sondern nur noch darum, dass ich selbst gut dastehe. Wo ich geradezu zwanghaft auf die Anerkennung angewiesen bin. Wo die Freiheit fehlt, dass ich mich zwar über Anerkennung freuen kann, es aber auch verkrafte, wenn diese ausbleibt.

Ganz kritisch wird es, wenn man um jeden Preis Erfolg haben muss, auch wenn es auf Kosten anderer geht. Wenn man zum Beispiel immer die Arbeiten an sich reißt, bei denen man im Rampenlicht steht und Beifall ernten kann und dabei die anderen beiseite drängt – sei es im Beruf oder in einem ehrenamtlichen Engagement. Oder wenn man bei jeder Gelegenheit die eigenen Leistungen herausstreicht und die der anderen unter den Tisch fallen lässt.

Erfolg ja – aber fair. Erfolg ja – aber in Freiheit. Der Erfolg darf nicht zum alles bestimmenden Faktor im eigenen Leben werden. Das kann auch bedeuten, auf Erfolg dort zu verzichten, wo er einen zu hohen Preis kosten würde. Ob ich genug Freiheit habe im Umgang mit Erfolg und Misserfolg, wird sich unter anderem daran zeigen, ob ich anderen ihren Erfolg gönnen und mich mitfreuen kann. Ganz ähnlich verhält es sich mit dem Thema „Karriere". Auf wessen Kosten mache ich Karriere? Auf Kosten meiner Kollegen? Auf Kosten meiner Gesundheit? Auf Kosten meiner Familie? Auf Kosten dessen, dass mir kein Feiraum mehr bleibt für die schönen Dinge des Lebens? Warum möchte ich Karriere machen? Weil mein Ansehen dadurch steigt und ich zeigen kann: Ich habe es zu etwas gebracht? Aber vielleicht auf Kosten meiner Seele?

Das soll die Berechtigung einer beruflichen Karriereplanung nicht in Frage stellen. Man kann – vielleicht sogar eher ungeplant – Karriere machen, weil man sich voll und ganz für eine Sache engagiert, weil eine Arbeit für jemanden gleichzeitig Berufung ist und er sich voll investiert. Solches Engagement führt oft dazu, dass man mehr Verantwortung übertragen bekommt, und das heißt normalerweise auch, dass man die Karriereleiter hochsteigt. Man kann auch – zum Beispiel in der Politik – ganz bewusst Karriere machen wollen, weil man in der Gesellschaft etwas verändern möchte und das nur möglich ist, wenn man den entsprechenden Einfluss hat.

Aber die Gefährdung unserer Gesellschaft scheint mir in einem unkontrollierten Karrierestreben zu liegen. Jeder prüfe sich selbst und seine Motive. Erfolg und Karriere an sich sind nichts Schlechtes. Aber auch sie können zum alles bestimmenden Faktor im Leben werden, wenn ich nicht Acht gebe, und es kann passieren, dass ich mich auf einmal in einer Berufsroutine und in Lebensumständen wiederfinde, die ich so eigentlich nie gewollt habe. Doch selbst wenn ich das feststellen sollte – in der Regel ist es möglich, mit einem entschiedenen Schritt dem Leben eine neue Richtung zu geben. Allerdings wird auch ein solcher Schritt seinen Preis haben.

Engagiert leben

Zu einem authentischen Leben gehört, die Frage zu klären, welcher Ruf Gottes an mich ergeht, welches meine Lebensaufgabe ist. Damit wird deutlich, dass ein Leben im Einklang mit mir selbst kein Leben meint, in dem ich selbst allein und als letzter Zweck des Lebens im Mittelpunkt stehe. Es geht nicht darum, dass ich zwar – notgedrungen – meinen Lebensunterhalt mit Arbeit verdiene, aber ansonsten nur noch spazieren gehe, Musik höre oder Aquarelle male. Ein authentisches Leben zeichnet sich aus durch einen engagierten Lebensstil.

Wer sich selbst gefunden hat, wer weiß, was zu ihm passt und was nicht, und wer gelernt hat, entschieden Nein und entschieden Ja zu sagen, der muss sich nicht mehr in seiner kleinen privaten Welt abschotten, um seine eigene Lebenswelt abzusichern. Der kann sich öffnen, weil er gelernt hat, mit den Anforderungen, die auf ihn zukommen, umzugehen. Der kann sich der Not der Welt aussetzen, weil er nicht dem Druck erliegt, überall helfen zu müssen. Er ist frei, selbst zu entscheiden, wo er etwas tun will und wo nicht – ohne schlechtes Gewissen. Er wird aber unter Umständen daran leiden, dass er in vielen Fällen nichts tun kann, weil er grundsätzlich offen dafür ist, sich von der Not, die ihm begegnet, betreffen zu lassen.

Menschen, die authentisch leben, wissen um die Grundlagen ihres Lebens. Sie wissen, dass sie Teil der großen Schöpfung Gottes sind und dass Gott ihnen Mitverantwortung für diese Schöpfung übertragen hat. Deswegen ist es ihnen nicht gleichgültig, was auf dieser Welt passiert. Sie fühlen sich dieser Erde und den Menschen, die auf ihr leben, verbunden, die wie sie Geschöpfe Gottes sind – und denen man deswegen Achtung und Wertschätzung entgegenbringt. Sie leiden mit, wenn Menschen leiden müssen.

Deshalb ist ein Kennzeichen dieses Lebensstils, informiert zu sein über das, was in der Welt vor sich geht. Dabei geht es nicht nur darum, den eigenen Wissensdrang oder die Neugier zu befriedigen – obwohl man sagen könnte, dass eine gewisse Portion Neugier zu solch einem Lebensstil dazu gehört, weil sie etwas mit dem Interesse an dieser Welt und an den Menschen zu tun hat. Es geht schon gar nicht um die Befriedigung von Sensationslust oder dergleichen. Es geht darum, informiert zu sein, weil man Verantwortung nur dann übernehmen kann, wenn man weiß, was in dieser Welt vor sich geht. Uns hier im Schwarzwald ist das sehr deutlich geworden, als der Sturm „Lothar" am zweiten Weihnachtsfeiertag im Jahr 1999 über uns hinwegfegte. Mit den Bewohnern hier blutete uns allen das Herz, als wir all die umgestürzten und abgeknickten Bäume sahen und nach und nach feststellen mussten, dass die Hälfte des Waldes in unserer Umgebung zerstört war. Die Landschaft war vollkommen verändert. Ein Bild von Chaos und Zerstörung. Entstand dieser für uns ungewöhnliche Sturm durch die Klimaerwärmung? War das vielleicht nur der Anfang? Solche Fragen bewegten uns in Hinblick auf uns selbst – aber vor allem auch im Hinblick auf unsere Kinder. Wo steuert unsere Welt hin? Und was können wir tun? Engagiert leben – das bedeutet etwas zu tun, wo man etwas tun kann. Und es heißt gleichzeitig, die Ohnmachtsgefühle auszuhalten, die Erkenntnis, dass man an vielen Stellen nichts tun kann, und dabei doch nicht zu resignieren.

Von einer inneren Mitte her leben

Leben im Einklang mit mir selbst, das ist ein Leben, das um seine innere Mitte weiß und von daher seine äußere Gestalt gewinnt. Von einer inneren Mitte her leben – was das für mich heißt, kann ich am besten in einem Bild ausdrücken: in dem Bild eines Baumes, von dem oben schon die Rede war (vgl. Kap. 5)

Ich stelle mir diesen „Baum an den Wasserbächen" (Psalm 1) vor: Ich sehe seine dicken knorrigen Wurzeln, die sich tief im feuchten Erdreich eingegraben haben und dem Baum einen sicheren Halt geben. Sie versorgen ihn mit allem, was er zum Leben braucht. Aus den Wurzeln heraus streckt sich der kräftige Stamm empor, als wolle er sagen: Hier stehe ich! Wer will es mit mir aufnehmen? Mich wirft so schnell nichts um! Und aus dem Stamm heraus wachsen kräftige, starke Äste, die sich waghalsig weit nach außen und weit nach oben in den Himmel strecken. Die Äste sieht man kaum, weil sie mit dichten grünen Blättern bewachsen sind, die in der Sonne glänzen und sich leicht mit dem Hauch des Windes bewegen. Der Baum bekommt so trotz seiner Stabilität und trotz seiner mächtigen Krone fast etwas Spielerisches, einen Hauch von Leichtigkeit.

Für mich drückt sich in diesem Bild eines kräftigen, gut verwurzelten und weit ausladenden Baumes ein Lebensgefühl aus, das ich gern mehr und mehr verinnerlichen möchte. Fest im Leben stehen wie dieser Stamm, verwurzelt sein – und doch – oder gerade deshalb – mit einer gewissen Leichtigkeit leben. Ich glaube, nur so kann man auch den Spagat aushalten, den es bedeutet, engagiert zu leben und gleichzeitig gelassen zu bleiben. Mich getragen und gehalten wissen von einer Macht, die größer ist als alles, was in der Welt geschieht. Eine Macht, die die Welt in ihrer Hand hält. Eine Macht, von der ich überzeugt bin, dass sie es gut mit dieser Welt meint, selbst wenn momentan der Augenschein dagegen spricht. Für mich als Christin ist diese Macht der Gott der Bibel. Ich halte mich daran fest, dass er versprochen hat, dass Saat und Ernte, Frost und Hitze, Sommer und Winter, Tag und Nacht nicht aufhören soll (1. Mose 8 und 9). Nur in diesem Vertrauen auf Gott kann ich mich dem Leben stellen und annehmen, was es mir zumutet. Ich weiß, dass Gott mein Leben in der Hand hat, dass er für mich sorgt, dass er mehr Macht hat als alles, was es sonst in dieser Welt gibt.

Das heißt nicht, dass in meinem Leben immer nur alles gut geht und mir nichts passieren kann. Mein Eindruck ist, dass Gott uns Christen im Leben das Gleiche zumutet wie allen anderen Menschen auch, Glück und Leid, Freude und Schweres, und nicht immer gibt es dafür eine Erklärung. Aber ich weiß, dass alles, was mit mir geschieht, von ihm kommt und dass er seine Hand im Spiel hat – auch wenn ich es manchmal nicht verstehe.

Die Frage an mich ist, ob ich tatsächlich von solch einer inneren Mitte her lebe, ob das Bild vom Baum meinem Lebensgefühl entspricht. Fühle ich mich wie solch ein Baum oder kenne ich dieses Bild nur als eines, von dem ich weiß, dass es in der Bibel steht? Ich denke, dass man ein solches Lebensgefühl nicht „pachten" kann. Man kann es nicht festhalten, so dass es ein für alle Mal da ist. Man muss sich immer wieder aufmachen, um zu diesem Lebensgefühl zurückzufinden und den Alltag davon durchdringen zu lassen. Denn in den Anforderungen des alltäglichen Lebens zeigt es sich, ob ich von einer „inneren Mitte" her handele. Es zeigt sich, ob ich einen ruhenden Pol habe, der mir Kraft gibt und mich gute Entscheidungen treffen lässt. Das Bild vom Baum, der an den Wasserbächen verwurzelt ist, kann mir zum Begleiter werden hin zu einem Lebensgefühl, das dieser inneren Mitte mehr und mehr gewiss wird. Ich kann mir dieses Bild vom Baum immer wieder vor Augen stellen, es bedenken, es betrachten, es verinnerlichen – und dazu über die Worte Gottes „sinnen Tag und Nacht", wie es im Psalm 1 beschrieben ist.

Wissen, welche Werte zählen

Wenn ich von einer inneren Mitte her lebe, wird mein Alltag – das ist die logische Folge – von dieser Mitte geprägt. Die innere Mitte bestimmt die Werte, die in meinem Alltag gelten. So werden Werte für mich an Bedeutung verlieren, die für viele in unserer Gesellschaft wichtig sind, wie zum Beispiel Besitz, Statussymbole, bei anderen ein gewisses Ansehen zu haben usw. Andere Werte dagegen werden an Bedeutung gewinnen.

■ *Menschlichkeit* ist so ein Wert. Was heißt Menschlichkeit? Menschlichkeit heißt, die Würde eines jeden Menschen zu achten, ihm Respekt und Achtung entgegenzubringen, ihn so zu behandeln, dass er nicht „erniedrigt", sondern gefördert und ermutigt wird. Das ist nicht zu verwechseln mit Weichheit. Menschlichkeit hat immer etwas mit Liebe zu tun. Liebe muss manchmal auch hart sein, damit ein anderer nicht ins Verderben läuft oder anderen Menschen Schaden zufügt. Es heißt aber, dass ein Mensch geachtet wird – egal was er leisten kann oder nicht leisten kann oder welche Hautfarbe er hat. Er soll mit Würde behandelt werden einfach deshalb, weil er – wie ich selbst – ein Geschöpf Gottes ist. Menschlichkeit wird sich vor allem im Umgang mit Untergebenen oder mit Widersachern zeigen. Sie zeigt sich zum

Beispiel darin, dass im Berufsleben nicht um des Profites willen unmenschlich mit Menschen umgegangen wird. Sie veranlasst mich, wenn mich jemand angreift und verletzt, meine Sache zu vertreten, aber so, dass der andere seine Würde behält und meinen Respekt vor seiner Person spürt, auch wenn wir nicht einer Meinung sind.

■ *Solidarität* wäre ein anderer Wert. Bin ich bereit zu teilen – meine Zeit, mein Geld, meine Kraft? Solidarität meint, etwas abzugeben von dem, was man selbst besitzt, an den, der gerade in einer Notlage ist und Hilfe braucht. Ich werde das ohne Zwang und Druck tun, wenn das eigene Leben nicht in erster Linie vom Haben-Wollen und vom Besitzen-Wollen bestimmt ist. Ich werde es aus einer inneren Freiheit heraus tun, vielleicht auch aus Dankbarkeit heraus, weil es mir selbst gut geht.

Solidarität meint aber auch, sich unter Umständen für die Belange anderer einzusetzen, die dazu selbst nicht in der Lage sind. Das können zum Beispiel ausländische Kollegen im Betrieb sein oder ausländische Nachbarn. Das können Kinder sein, die noch nicht in der Lage sind, ihre Interessen selbst zu vertreten. Das können Menschen sein, die sonst auf irgendeine Art benachteiligt sind. Das Alte Testament ist voll davon, dass Gott das Volk Israel immer wieder anklagt, weil es sich nicht solidarisch verhält. Man kümmerte sich nicht um die Waisen und Witwen, nicht um die Fremden und Armen, sondern unterdrückt im Gegenteil die Armen und beutet sie aus.

■ *Verlässlichkeit* ist ein weiterer Wert. Wenn ich einen anderen Menschen schätze und wert achte, so drückt sich das auch darin aus, dass ich verlässlich bin, dass das Wort, das ich sage, auch gilt. Wenn ich dagegen etwas verspreche und nicht halte, fühlt sich der andere in seiner Person nicht ernst genommen, auch wenn das vielleicht gar nicht beabsichtigt war. Doch im Klartext heißt es eigentlich: Du bist es mir nicht wert, dass ich mich bemühe, das zu halten, was ich dir versprochen habe. Kann ich eine Zusage nicht einhalten, dann ist es ein Zeichen von Wertschätzung, das rechtzeitig zu sagen und sich dafür zu entschuldigen.

Ich erinnere mich an eine Begegnung mit einem Freund unserer

Familie. Es hatte einige Konflikte zwischen ihm und uns gegeben. Nach längerer Zeit traf ich diesen Freund wieder und wir hatten ein längeres Gespräch über die Dinge, die in der Vergangenheit zwischen uns nicht gut gelaufen waren. Das Gespräch verlief sehr gut und der Freund sagte zum Schluss: „Das war jetzt so ein gutes Gespräch. Wir müssen unbedingt unsere Beziehung wieder aufnehmen. Ich werde euch besuchen kommen." Er nannte einen bestimmten Termin, an dem er kommen wollte. Doch er kam nicht. Er entschuldigte sich auch nicht, was wir sicher akzeptiert hätten, weil wir wussten, dass er sehr viel zu tun hatte. Mich hat das damals sehr geschmerzt. Ich habe die mangelnde Verlässlichkeit als mangelndes Interesse – und damit auch als mangelnde Wertschätzung – erlebt. Ob das von ihm tatsächlich so gemeint war, weiß ich nicht, ich habe es jedenfalls so empfunden. Nachprüfen konnte ich es nicht, denn der alte Kontakt wurde nicht wieder aufgenommen.

■ Echt sein, authentisch sein hat etwas mit *Wahrhaftigkeit* zu tun. Ich muss nicht mehr versuchen, vorzugeben, ich sei besser als ich bin, sondern kann mich zeigen, wie ich wirklich bin. Deswegen entwickelt man auf dem Weg zu sich selbst ein Gespür für Wahrhaftigkeit. „Krumme Touren", falsche Motive, nur etwas zu tun, um den Schein zu wahren – das wird einem mehr und mehr zuwider. Man wird immer weniger bereit sein, irgendwo einfach mitzumachen oder einer Sache zuzustimmen lediglich aus Angst vor Ablehnung oder um „des lieben Friedens willen". Wahrhaftigkeit schließt die Bereitschaft zum Konflikt ein.

Doch gerade wer sich um Wahrhaftigkeit bemüht, muss aufpassen, dass sie nicht lieblos wird. Auch die Wahrhaftigkeit hat Grenzen. Wenn eine Freundin auf mich zukommt und mir ganz begeistert ihren neuen Pullover vorführt, werde ich kaum sagen, dass ich ihn abscheulich finde. Das wäre ausgesprochen lieblos. Außerdem sind ja Geschmäcker bekanntlich verschieden. Ich würde mich vielleicht herausretten mit der Bemerkung: „Da hast du ja einen tollen Kauf gemacht", denn für sie war es offensichtlich ein toller Kauf.

So sollte die Wahrhaftigkeit begleitet sein von bestimmten Überlegungen: Wie sage ich etwas so, dass der andere nicht zutiefst verletzt sein muss? Muss ich überhaupt in dieser Situation etwas sagen oder wäre es klüger zu schweigen? Oder muss eine Sache gerade angesprochen werden, weil sonst in Zukunft noch mehr schief laufen oder Beziehungen kaputt gehen könnten? Vielleicht ist es gerade wichtig, einem anderen Rückmeldung zu geben, wie sein Verhalten auf mich wirkt, weil er es selbst gar nicht bemerkt und ich ihm nur so überhaupt die Chance gebe, sich zu ändern. Wann wäre ein guter Zeitpunkt für solch ein Gespräch? Was kann ich einem anderen zumuten? Wie wird er es aufnehmen? Was sind meine Motive?

Das alles sind Überlegungen, die mitbedacht werden sollten, wenn man einem anderen eine ehrliche Rückmeldung geben will. Doch glaube ich, dass unsere Gefährdung nicht so sehr darin liegt, zu schnell zu sein mit der Wahrheit. Meine Erfahrung ist die, dass wir lieber unseren Ärger über andere Menschen herunterschlucken – und irgendwo kommt er dann – versteckt, aber trotzdem schädlich – doch zum Vorschein. Auch in Gruppen kann man das oft beobachten: Alle finden ein bestimmtes Verhalten eines Mitglieds der Gruppe störend, aber niemand wagt etwas zu sagen. Lieber wird alles unter den Teppich gekehrt und der vermeintliche Mantel der Liebe darüber gelegt. Doch so werden Beziehungen steril und unlebendig. Wenn man jemandem eine ehrliche Rückmeldung gibt, geht es unter Umständen zunächst einmal nicht ohne Verletzungen, Schmerzen oder Konflikte ab. Wird aber offen darüber gesprochen und auch Vergebung praktiziert, trägt dies in der Regel zur Lebendigkeit und Vertiefung der Beziehungen bei. Nicht nur ich selber werde auf diesem Weg echter, auch meine Beziehungen werden es.

Von anderen Dingen, die zur Wahrhaftigkeit gehören, gehe ich als selbstverständlich aus: Zum Beispiel der ehrliche Umgang mit Geld, andere nicht anzulügen, keine Versprechungen zu machen, von denen ich weiß, dass ich sie nicht halten kann oder keine falschen Gerüchte über andere zu verbreiten. Das alles sind Dinge, die zur „Muttermilch" eines Christenlebens gehören sollten. Dennoch ist es gut, sich auch darin immer wieder einmal selbst zu überprüfen.

■ *Toleranz* ist ein Wert, der oft missverstanden wird. Viele verstehen darunter, dass alles gleich gültig (und damit gleichgültig) ist und dass man keine eigene Position mehr bezieht. Doch heißt tolerant zu sein durchaus eine eigene, profilierte Meinung zu haben, aber ebenso die profilierte Meinung eines anderen zu respektieren. Wer gelernt hat, zu sich zu stehen, auch zu seiner eigenen Unvollkommenheit, der weiß, dass er möglicherweise hin und wieder irrt, dass er die Wahrheit nicht gepachtet hat. Wenn jemand sich das selbst zugestehen kann, kann er auch anderen zugestehen, dass sie sich möglicherweise irren. Auf dieser Basis kann man miteinander ins Gespräch kommen, ohne sich gegenseitig zu verurteilen. Vielleicht findet man im Gespräch schließlich zu einer gemeinsamen Position, vielleicht aber auch nicht. Toleranz würde dann heißen: Du bist auf Grund deines Nachdenkens und deiner Erfahrung zu einem ganz bestimmten Ergebnis gekommen und ich auf Grund meines Nachdenkens und meiner Erfahrung zu einem anderen. Wir wollen das gegenseitig respektieren und stehen lassen und uns als Personen trotzdem wertschätzen.

Persönliche Beziehungen pflegen

Zunächst scheint es widersprüchlich, dass für ein Leben, in dem es zunächst einmal darum geht, bei mir selbst zu Hause zu sein, andere Menschen so wichtig sein sollen. Auf dem Weg zu einem authentischen Leben werde ich ja eher davon wegkommen, zu meinen, ich könne mein Image dadurch aufbessern, dass möglichst wichtige – oder gar prominente – Leute zu meinem Bekanntenkreis zählen. Ich werde auch immer weniger Lust haben, an Veranstaltungen teilzunehmen, bei denen es eigentlich nur darauf ankommt, dass man dabei gewesen ist und gesehen wird.

Eine Freundin von mir spielt Tennis und das mit Begeisterung. Deswegen ist sie auch in einem Sportverein. Üblicherweise sitzt man da oft abends noch bei einem Glas Wein zusammen. Ab und zu macht sie auch mit. „Aber weißt du", sagt sie, „da ist immer „Smalltalk" angesagt, und das langweilt mich immer ziemlich schnell." Meine Zeit mit oberflächlichen Unterhaltungen zuzubringen, dazu bin ich immer weniger bereit. Ab und zu werde ich es tun, um Menschen zu zeigen, dass ich Interesse für sie habe. Doch einen Schwerpunkt werde ich auf diese Art von Beziehungen nicht legen. Was mir dagegen zunehmend wertvoll und wichtig wird, sind tiefe persönliche Beziehungen, in denen offene und ehrliche Gespräche möglich sind. Das geht aber nur mit maximal einer Handvoll von Leuten. Natürlich führe ich mit diesen guten Freunden auch nicht ständig nur tiefschürfende Gespräche. Wir haben auch einfach Spaß miteinander, verbringen einen Teil unserer Freizeit zusammen, feiern miteinander, spielen miteinander oder trinken hin und wieder ein Glas Wein zusammen und plaudern über den Tag und seine kleinen und größeren Ereignisse.

Geben und Nehmen halten sich in solchen Beziehungen die Waage. Denn ich kann Beziehungen schnell überfordern, wenn ich erwarte, dass sich meine Freunde ständig nur um mich kümmern, ich mich aber wenig um sie. Oder sie sollen immer gute Ideen haben, was man unternehmen könnte und mich dazu einladen, aber ich selbst ergreife nie die Initiative oder bin nicht bereit, etwas zu organisieren. Freunde sind nicht dazu da, dafür zu sorgen, dass ich ein angenehmes Leben habe. Die Voraussetzung für gute Beziehungen ist, dass ich in der Lage bin, selbst für mich zu sorgen, selbst mein Leben zu gestalten. Das bedeutet ganz praktisch, dass ich mir auch Gedanken darüber mache, was wir zusammen unternehmen könnten, und dass ich selbst gegebenenfalls die Initiative ergreife. Es bedeutet aber genauso, meine eigenen Interessen zurückzustellen, wenn dies angebracht ist. Ich kümmere mich um die anderen, wenn sie Hilfe brauchen und stehe in Krisenzeiten zu ihnen. Auf der anderen Seite kann ich auch allein sein. Ich weiß selbst etwas mit mir und meiner Zeit anzufangen. Wäre das nicht der Fall, würde ich die Freundschaft missbrauchen. Ich würde meine Freunde „benützen", weil ich die Einsamkeit nicht aushalte. Ich würde dann in unserer Beziehung nicht sie suchen, sondern nur mich selbst.

Dreh- und Angelpunkt für eine tiefe persönliche Freundschaft ist für mich, dass wir sehr persönlich, offen und ehrlich miteinander reden können. Wir können uns gegenseitig mitteilen, was uns zutiefst beschäftigt. Wir hören einander zu und können Dinge zunächst einmal stehen lassen, ohne das Erleben des anderen gleich mit guten Ratschlägen aus der eigenen Erfahrung vom Tisch zu wischen. Wir halten einander aus. Wir lassen uns sehen, wie wir sind, auch mit dem, was uns in keinem besonders günstigen Licht zeigt. So lernen wir uns immer tiefer kennen – und auch schätzen. Wir hinterfragen uns gegenseitig und ermutigen uns gegenseitig. Wir können von unseren Erfolgen reden, aber auch von unseren Misserfolgen. Wir können unsere Zweifel und Ängste offen legen, ohne Angst haben zu müssen, deswegen an Ansehen zu verlieren. Solche Beziehungen können nur bestehen, wenn sie von Vertrauen und einer tiefen Wertschätzung getragen sind. Dann tragen sie aber auch in Krisenzeiten und sind ein ganz entscheidender Baustein für die Erfahrung, im Leben verwurzelt zu sein.

Entstehen werden solche persönlichen Beziehungen in erster Linie zu Menschen, die auf dem gleichen Weg sind wie ich selbst; denen es wichtig ist, sich selbst zu entdecken, sich selbst zu finden und entsprechend zu leben. Denn für diese Entdeckungsreise zu sich selbst braucht man andere Menschen als Begleiter. Vieles wird einem klar durch eigenes Nachdenken. Aber manche Seiten des eigenen Wesens entdeckt man nur durch die Beziehung zu anderen Menschen. Sie teilen mir mit, wie sie mich erleben. Sie fordern mich durch ihre Art heraus, Gaben und Eigenschaften, die bisher brach lagen sind, zu entdecken und zu entfalten. Sie fordern mich in der Regel auch durch ihre ganz speziellen Charaktereigenschaften heraus. Solange man einen Menschen nur oberflächlich kennt, kommt man meist recht gut mit ihm zurecht. Erst wenn man jemanden näher kennen lernt, lernt man auch seine Schattenseiten kennen. Jetzt hat man Gelegenheit, die eigene Fähigkeit zu lieben zu erweitern! Gute Eigenschaften zu lieben ist kein Problem. Aber die schwierigen Seiten eines Menschen anzunehmen und zu lieben – weil sie eben unverwechselbar zu diesem Menschen gehören – ist schon eine Herausforderung.

Wenn man die Beziehungen, die man zu verschiedenen Menschen hat, einmal betrachtet, so kann man auch feststellen, dass in unterschiedlichen Beziehungen ganz verschiedene Seiten der eigenen Person angesprochen sind und zum Vorschein kommen. In der Bezie-

hung zu meinen Enkelkindern zum Beispiel kommen andere Seiten
von mir zum Tragen als in der Beziehung zu den Mitarbeitern in unserer Lebensgemeinschaft. In der Beziehung zu den Mitarbeitern
geht es um Termine und Absprachen, um Veranstaltungen, die vor-
bereitet werden müssen, oder um Beratung. Die Beziehungen sind
hauptsächlich von Arbeit geprägt. Die Beziehung zu den Kindern
dagegen ist geprägt vom gemeinsamen Spielen, von Zärtlichkeit und
von Fürsorge. So werden auch in den Freundschaftsbeziehungen zu
verschiedenen Menschen verschiedene Dinge in mir geweckt und
hervorgelockt. Der eine wandert vielleicht gern und eröffnet mir damit ein Betätigungsfeld, das ich bisher wenig gepflegt habe. Der andere liest gern und wir können uns über Literatur unterhalten und
der Dritte hat vielleicht die Gabe, mich auf humorvolle Weise auf
meine blinden Flecken aufmerksam zu machen. Durch jede Beziehung, auf die ich mich tiefer einlasse, wird etwas anderes, was in mir
schon angelegt ist, hervorgelockt. Die Psychotherapeutin Verena
Kast schreibt in einem ihrer Bücher: „Liebe lockt das Beste im Menschen hervor."

Neues probieren

Als eine von „Sechs Strategien, die das Leben leichter machen" emp-
fahl die Zeitschrift „Psychologie Heute": „Nehmen Sie sich Zeit."
Eine weitere Strategie hieß: „Nutzen Sie Ihre Vielseitigkeit. Das Leben ausbalancieren – vernachlässigte Talente und Fähigkeiten pflegen." Viele Menschen leben sehr einseitig, zum Beispiel ganz für den
Beruf. Beziehungen zu Freunden, oft auch zur Familie, oder Zeit zu
haben für die schönen Dinge des Lebens wie Musik, Literatur, Theater, Natur haben keinen Platz. Damit liegen aber ganze Bereiche der
eigenen Persönlichkeit brach und sind nicht entwickelt. Ein derart
„eingeschränktes" Leben macht – so wurde in dem Artikel beschrieben – auch anfälliger für Krankheiten oder seelische „Abstürze".
Denn bricht der eine Bereich, für den man sich ganz investiert, zusammen, so bricht alles zusammen. Das kann zum Beispiel der Fall

sein, wenn jemand, der nur für den Beruf lebt, plötzlich seinen Arbeitsplatz verliert. Für einen solchen Menschen ist das eine Katastrophe. Hat aber jemand ein ausbalanciertes Leben, so wird es ihn auch schmerzen, wenn er arbeitslos wird. Doch gibt es andere Bereiche, die einiges abfangen können, eben eine intakte Familie oder gute Freunde oder ein ehrenamtliches Engagement oder das Interesse für Kulturelles oder ein bestimmtes Hobby. Menschen, die ihre Vielseitigkeit leben und entfalten, sind gesünder und zufriedener – so schloss der Artikel. Ein Resümee, das wohl jedem einleuchtet.

Von Menschen, die ihre Vielseitigkeit leben und entfalten wollen, wird man wohl selten den Ausspruch hören, dass es für sie nichts mehr zu lernen gebe. Vielmehr wird man solche Menschen von ihren Träumen reden hören oder von dem, was sie im Leben noch gern tun würden. Für sie ist das Leben nie ausgereizt oder langweilig. Der eine lernt noch eine Sprache, weil er sich mit den Menschen des Landes, das er im Urlaub bereist, unterhalten möchte. Der andere fängt an zu malen und der Dritte geht für ein paar Wochen auf die Alm, weil er einmal erleben möchte, wie das Leben eines Senn aussieht. Das hat nichts damit zu tun, dass man meint, man müsse jeden Trend, der gerade „in" ist, mitgemacht haben – ganz im Gegenteil. Man tut in der Regel nicht das, was alle machen. Man macht vielleicht etwas, was andere ganz und gar ungewöhnlich oder vielleicht sogar unmöglich finden. Aber der Mut zum Ungewöhnlichen ist auch ein Kennzeichen eines eigenen Lebensstils.

Bei einer Frauentagung bei uns im Haus erzählte eine Teilnehmerin von ihrem Traum, den sie mit ein paar anderen Frauen träumte. Sie wollten gern im Gemeindehaus ein Café aufmachen, in das Frauen zum Beispiel morgens auf dem Weg zum Einkaufen, wenn die Kinder in der Schule sind, kommen könnten. Das Problem: Die Frauen wohnten auf einem Dorf. Und nun stelle man sich das einmal vor: Frauen in einem Dorf, die morgens im Café sitzen! Unvorstellbar! Doch ich machte dieser Frau Mut, einmal etwas Ungewöhnliches zu wagen. Einige Zeit später traf ich sie wieder und sie erzählte begeistert, wie gut das Café angelaufen sei. „Doch", setzte sie hinzu, „ausschlaggebend, dass wir angefangen haben, war, dass du gesagt hast, man müsse gelegentlich den Mut zum Ungewöhnlichen haben."

Wer sich auf den Weg zu sich selbst macht, wird früher oder später den Wunsch entwickeln, selbst kreativ zu sein. Er wird sich auf irgendeine Weise schöpferisch betätigen wollen, etwas Eigenes schaffen wollen. Das reicht vom Schreiben oder Malen bis hin zu noch außergewöhnlicheren Hobbys. Selbst das Kochen kann zum Ausdruck der eigenen Persönlichkeit werden, denn auch das kann ein kreativer, ein schöpferischer Akt sein. Selbst etwas gestalten zu wollen, das ist, so glaube ich, in jedem Menschen angelegt. Leider wird dieser Wunsch bei vielen zugedeckt, weil wir meinen, im Alltagsbetrieb funktionieren zu müssen, oder aus Angst, wir könnten uns lächerlich machen. Vielleicht nehmen sehr viele Menschen in unserer Gesellschaft diesen Wunsch in sich gar nicht wahr, weil so etwas in ihrem Leben nie zur Sprache kam. Doch im Grunde ist jeder Mensch schöpferisch, denn Gott hat den Menschen zum Mithelfer in seiner Schöpfung bestimmt.

Setzen Sie sich doch einmal eine halbe Stunde in Ruhe hin und erlauben Sie sich zu träumen:

- „Das würde ich auch gern machen!" – bei welcher Gelegenheit haben Sie das schon einmal gesagt? Wie wäre es damit anzufangen – auf kleiner Stufe?
- Manchmal hat man ja ganz „spleenige" Ideen. Kennen Sie solche Ideen bei sich? Geben Sie vielleicht einen Hinweis darauf, was Sie gern einmal tun würden? Was hindert Sie daran, anzufangen?
- Spüren Sie einmal Sätzen in Ihnen nach, die heißen: „Wenn ich . . ., würde ich . . . (das und das) gern tun." Lässt sich das in Ihrer jetzigen Situation wirklich nicht tun? Vielleicht in veränderter Form?
- Vielleicht brauchen Sie gar nicht lange, um zu wissen, was Sie gern tun würden, aber . . . Sind die Hinderungsgründe wirklich stichhaltig? Mut zum Ungewöhnlichen! Wer könnte Mitstreiter und Unterstützer sein?

Die Wirklichkeit akzeptieren

Authentisch leben, echt und unverwechselbar werden und den Kurs des eigenen Lebens selbst zu steuern – das hat viel Verlockendes. Wer sich auf den Weg macht, sein Leben mehr und mehr bewusst selbst zu gestalten, wird erfahren, dass das Leben bunter, lebendiger, weiter wird. Allerdings bietet das Leben neben dem Schönen und Guten auch Leid und Schmerzen, Krankheit und Tod. Wenn ich mich dem Leben in seiner Vielfalt voll und ganz stellen möchte, werde ich diese Wirklichkeit akzeptieren. Ich werde sie nicht verdrängen oder versuchen zu fliehen, sondern werde mich dieser Realität aussetzen. Wie jeder andere auch werde ich in Leidsituationen Schmerz empfinden. Und ich werde mich dem Schmerz stellen und nicht ausweichen. Ich weiß, dass ein Leben ohne Leiderfahrung unvollständig ist, dass Reife und Tiefe im Leben nur über Krisen gewonnen werden können.

In unserer heutigen Gesellschaft wird vielfach versucht, Schmerzen und Leiden zu vermeiden. Tut etwas weh, wird schnell ein Medikament dagegen genommen, ohne zunächst einmal zu fragen, welches Signal der Körper hier sendet und ob man in seiner Art zu leben eventuell etwas ändern müsse. Man kuriert schnell das Symptom, damit es einem schnell wieder gut geht, und fragt nicht nach den tieferen Ursachen. Natürlich sind Schmerzmittel nötig, das ist keine Frage. Wichtig ist jedoch, verantwortlich damit umzugehen und dabei nicht zu überhören, was der eigene Körper durch die Schmerzen mitteilen will.

Es gibt aber noch andere Arten von Schmerzvermeidung, und die praktizieren wir besonders, wenn es um seelische Schmerzen geht. Wir haben heute zahllose Möglichkeiten, uns abzulenken mit Musik, mit Fernsehen, Video, Internet und was es sonst noch alles gibt. In unserer Mediengesellschaft kann ich mich pausenlos berieseln lassen. Ich brauche nicht mehr nachzudenken. Ich muss mich so auch nicht meinen unangenehmen Gedanken und Gefühlen stellen. Ich muss allerdings wissen: Wer sich seinen unangenehmen Gedanken und Gefühlen nicht stellt, stellt sich auch nicht seinen angenehmen Gedanken und Gefühlen, denn das lässt sich nicht trennen. Die eigenen Gedanken und Gefühle, Wünsche und Sehnsüchte, Ängste und

Schmerzen – also alles, was die eigene Person ausmacht – werden nicht mehr wahrgenommen. Ich lebe nicht in gutem Kontakt zu mir selbst, sondern nur an der Oberfläche. Wer immer in Gedanken woanders ist – bei der letzten Talkshow, beim neuesten Kinofilm, beim größten Star der Hitparade oder beim besten Sonderangebot, der kann nicht bei sich selbst zu Hause sein.

Die Wirklichkeit akzeptieren heißt, realistisch zu sein und die eigenen Idealvorstellungen von der Welt und davon, wie das Leben zu sein habe, abzulegen – vielleicht auch die frommen Vorstellungen. Viele Christen können nur schlecht akzeptieren, dass Gott auch ihnen das Leben mit seinen Höhen, aber eben auch mit seinen Tiefen zumutet. Doch wenn wir Nachfolger Jesu Christi sein wollen, dann heißt das, dass auch unser Weg immer wieder der Weg von Karfreitag hin zu Ostern ist, dass es durch das Leiden zur Auferstehung, durch das Sterben zu neuem Leben geht. Echt zu leben heißt, das Leben auszukosten mit allem, was dazu gehört – mit Höhen und mit Tiefen.

Dankbarkeit als Lebenshaltung

Die „Offensive junger Christen", eine christliche Kommunität, prägte in ihrer Anfangszeit bestimmte Schlagworte, durch die sie ihre Anliegen deutlich machen wollte. Eines der Schlagworte waren die „Drei U", nämlich: Undankbarkeit, Unversöhnlichkeit, Unbeweglichkeit. Drei Dinge, die das Leben negativ prägen. Dem Ziel, diese „Drei U" aus dem Leben zu verbannen, kann ich mich voller Überzeugung anschließen. Vom versöhnten Leben und von der Beweglichkeit (Neues probieren) war in diesem Buch bereits ausreichend die Rede. Die Undankbarkeit ist vielleicht das verbreitetste dieser drei Übel. Und sie ist ein tückisches Gift. Wer undankbar ist, ist mit nichts zufrieden und sieht alles negativ. Er hält sich für zu kurz gekommen oder ist zornig auf Gott und das Leben – und damit meist auch auf andere Menschen –, weil ihm nicht das geboten wird, was ihm seiner Meinung nach zusteht.

Undankbarkeit erwächst aus überzogenen Ansprüchen an das Leben. Undankbare Menschen sind Menschen, die eben nicht die Wirklichkeit des Lebens akzeptieren. Sie haben immer das Gefühl, es werde ihnen etwas vorenthalten, was ihnen eigentlich zusteht. So fühlen sie sich mit ihrer Undankbarkeit im Recht. Oft sind sie innerlich verhärtet. Ich kann mir aber vorstellen, dass sie hinter ihrer harten Schale sehr verletzt sind und an sich selbst leiden. Wahrscheinlich haben sie in ihrem bisherigen Leben nicht oft erlebt, dass jemand ihnen Gutes getan hat.

Eine Mitarbeiterin in der Jugendarbeit, die in einer Bank arbeitete, erzählte einmal folgende Begebenheit: Sie hatte eine Vorgesetzte, die immer unzufrieden war. Nichts konnte man ihr recht machen. Ein Dank an die Mitarbeiter kam nicht über ihre Lippen. Dem entsprechend unbeliebt und gefürchtet war sie in ihrer Abteilung. Unsere Mitarbeiterin machte sich Gedanken, wie sie dieser Vorgesetzten einmal eine Freude bereiten könnte. Sie kaufte einen kleinen Blumenstrauß, ging morgens früher zur Arbeit und stellte den Strauß auf den Schreibtisch ihrer Chefin. Kurz darauf kam diese, ging in ihr Büro und „schoss" gleich darauf wieder heraus: „Wer hat mir den Strauß hingestellt?", fragte sie in barschem Ton. Etwas eingeschüchtert antwortete die Mitarbeiterin: „Ich" – und damit schien die Sache erledigt. Später am Tag wurde sie von der Abteilungsleiterin in ihr Büro gerufen und gefragt: „Warum haben Sie mir die Blumen auf den Tisch gestellt?" – „Ich wollte Ihnen eine Freude machen", antwortete die Mitarbeiterin. „Seit langem hat mir niemand eine Freude gemacht", entgegnete diese Frau, den Tränen nahe. Und es entspann sich ein längeres Gespräch. – Vielleicht kann man der Undankbarkeit, die aus inneren Verletzungen entstanden ist, nur mit Taten der Liebe begegnen.

Dankbare Menschen sehen die Welt mit anderen Augen. In jedem Menschenleben gibt es Gutes und Schwieriges – zugegebenermaßen unterschiedlich verteilt. Doch viele Menschen sehen das Leben nur durch eine bestimmte Brille. Viele sehen nur das Negative. Dankbare Menschen haben einen Blick für das Positive in ihrem Leben. Erstaunlicherweise sind es oft Menschen, die gerade kein einfaches Schicksal haben. Dankbarkeit ist also nicht zwangsläufig damit verbunden, dass das Leben mir offensichtlich Anlass gibt, glücklich zu sein. Danken hat mit Denken zu tun und damit, wie man eine Sache beurteilt. Mein Lexikon bietet mir als Erklärung des Wortes „danken" die Formulierung: etwas günstig beurteilen. Wenn man sehr hohe und unrealistische Ansprüche hat, wird man aus dieser Sicht viele Dinge nicht günstig beurteilen. Hat man dagegen eine realistische Sicht vom Leben, wird man viele Dinge entdecken, für die man dankbar sein kann, weil man das Gute nicht als selbstverständlich ansieht.

Dankbarkeit erfordert vielleicht auch etwas Übung. Ich kann es lernen, das Schöne, das Gute, das Positive in meinem Leben überhaupt wahrzunehmen. Sehe ich die ersten kleinen Frühlingsblumen, die sich nach langem Winter am Wegrand hervorwagen, überhaupt? Nehme ich das freundliche Lächeln wahr, mit dem mich jemand im Laden bedient? Ist mir bewusst, dass es keine Selbstverständlichkeit ist, dass ich am Morgen gesund aufstehen kann? Ich denke, danken ist tatsächlich eine Sache des Wahrnehmens und Nachdenkens.

Die folgenden kleinen Übungen können uns helfen, vom Nachdenken zum Danken zu kommen. So ist es gut, von Zeit zu Zeit eine „Dankliste" zu schreiben: mich einfach hinzusetzen und einmal alles aufzuschreiben, wofür ich dankbar bin. Normalerweise fallen einem recht schnell sechs oder sieben Gründe ein, doch dann entsteht oft eine Leere. Diese Leere gilt es durchzuhalten, bis es auf einmal sprudelt und man ohne Mühe zwanzig oder mehr Stichworte auf das Papier bekommt. Vielleicht wird der eine oder andere dann sogar Erlebnisse oder Erfahrungen aufschreiben, die auf den ersten Blick wenig Positives an sich haben. Dankbarkeit auch für schwierige oder schwere Erfahrungen erwächst daraus, dass ich erkenne, wie ich aus diesen schwierigen Dingen gelernt habe oder wie ich gerade durch diese Erfahrung im Leben weitergekommen und reifer geworden bin.

Wer schon einmal eine solche Dankliste geschrieben hat, wird die Erfahrung gemacht haben, wie sich dadurch seine Sichtweise verändert. Negative Dinge haben es an sich, uns sehr stark zu beeinflussen. Sie bauen sich oft vor unserem inneren Auge auf wie ein Berg, über den man nicht mehr hinwegsieht und der einem regelrecht die

Sicht für anderes versperrt. Eine Dankliste kann wie eine Schneise sein, die man durch diesen Berg schlägt. Das Negative wird nicht geleugnet, aber es wird in die richtige Perspektive gerückt und ich bekomme den Blick wieder frei für das, was es an Gutem in meinem Leben gibt.

Ignatius von Loyola, der Begründer des Jesuitenordens, schlägt in seinen geistlichen Übungen ebenfalls eine Übung zur Dankbarkeit vor. Er nennt sie das „Gebet der liebenden Aufmerksamkeit". Er schlägt vor, sich am Abend eines Tages ungefähr zehn Minuten Zeit zu nehmen und den Tag in Gedanken noch einmal durchzugehen. Dabei registriere ich nicht nur, *was* ich an diesem Tag erlebt habe, sondern ich nehme auch wahr, *wie* es mir mit den Erlebnissen des Tages ergangen ist. Was hat mich geärgert, enttäuscht, traurig gemacht? Wo bin ich schuldig geworden? Das alles soll ich in Gottes Hand zurückgeben. Ich bedenke aber auch, was an Gutem in diesen Tag hineingelegt war. Ich soll mich an die kleinen, guten Dinge erinnern, die ich an diesem Tag erlebt habe und die ich normalerweise so schnell übersehe und vergesse. Wenn ich dieses „Gebet der liebenden Aufmerksamkeit" regelmäßig praktiziere, wird sich ein Lebensgefühl der Dankbarkeit bei mir einstellen und ich werde dadurch – so sagt Ignatius – immer mehr erkennen, wie groß die Liebe Gottes zu mir ist.

Zum Weiterdenken

▨ Im Text sind bereits eine ganze Reihe von Fragen und Vorschlägen für praktische Übungen enthalten. Ein Tipp: Diese markieren, um sie deutlicher zu machen – und sie dann nicht nur überlesen, sondern „bearbeiten".

▨ Wie kann ich mein Leben vereinfachen? Was hindert mich, anders und mehr im Einklang mit mir selbst zu leben? Einige Denkanstöße zum Thema „Loslassen":

• Meine Wohnung (Schränke) durchforsten: Was brauche ich nicht mehr? Mein Leben wird dadurch übersichtlicher – und gleichzeitig ist es eine gute „Loslass-Übung"!

• Meine Beziehungen überdenken: Welche Beziehungen setze ich nur noch aus Tradition fort, die sich aber innerlich längst überlebt haben? Habe ich den Mut, solche Beziehungen zu beenden? Ich hätte dadurch Kraft und Zeit für neue Beziehungen auf einer tieferen Ebene.

• Welche Vorstellungen vom Leben habe ich? Sind sie wirklichkeitsbezogen oder sind es Idealvorstellungen? Idealvorstellungen vom Leben loszulassen, ist ein Schritt zu einer dankbaren Lebenshaltung.

• An welchen Stellen lasse ich mich leiten von dem, was „man tut"? Was „in" ist? Was „man" haben muss? Wo „man" dabei gewesen sein muss? Hier loszulassen, könnte ein Schritt zur inneren Freiheit sein.

▨ Wie sieht mein Freundeskreis aus? Gibt es zwei bis fünf Menschen, mit denen ich „vertraut" bin und mit denen ich offen und ehrlich reden kann? Wenn es diese bisher nicht gibt: Mit wem könnte ich eine solche Beziehung beginnen? Welche Schritte sind dafür nötig?

▨ Von einer „inneren Mitte" her leben – dies wurde in dem Bild vom Baum veranschaulicht. Stimmt dieses Bild für mich? Oder habe ich ein anderes Bild für diese Lebenssehnsucht? Ist mein Lebensgefühl davon geprägt? Was hilft mir, diese „innere Mitte" zu stärken?

9 Der Mensch – eine gute Schöpfung Gottes

Wir Christen glauben an den dreieinigen Gott, den Vater, den Sohn und den Heiligen Geist. Oder anders ausgedrückt: an Gott, den Schöpfer, den Erlöser, den Tröster und Beistand. Man kann beobachten, dass verschiedene christliche Kirchen unterschiedliche Aspekte der Dreieinigkeit Gottes akzentuieren. Bei den Protestanten – geprägt von Martin Luther – liegt eine starke Betonung auf Jesus, dem Erlöser, dem Heiland, dem Erretter. In mehr charismatisch geprägten Kreisen bekommt zusätzlich der Heilige Geist eine starke Betonung. Meiner persönlichen Beobachtung nach ist dagegen von Gott als dem Schöpfer weniger die Rede. Ich habe den Eindruck, dass Gott als der Schöpfer bei uns etwas zu kurz kommt. Das hat aber Folgen, nicht nur für unser Verständnis von Gott, sondern auch für unser Bild vom Menschen.

Wenn wir eine starke Betonung auf Jesus, den Erlöser legen, sehen wir im Gegenzug dazu den Menschen vor allem als erlösungsbedürftig. „In mir ist nichts Gutes", sagt Paulus im Römerbrief. Wir können vor Gott nicht bestehen und brauchen deshalb die Vergebung durch Jesus Christus. Das ist die Grundlage unseres Glaubensbekenntnisses. Aber es ist nicht alles, was in der Bibel über den Menschen gesagt ist. Im Schöpfungsbericht heißt es: „Und Gott sah an alles, was er gemacht hatte, und siehe, es war sehr gut" (1. Mose 1,31). Der Mensch ist in dieses Werturteil Gottes mit eingeschlossen. Sicher, das war vor dem Sündenfall, doch ist nichts daran zu rütteln, dass Gottes Schöpfung gut ist und auch der Mensch eine gute Schöpfung Gottes ist. Wir sollten diese Tatsache nicht aus den Augen verlieren, sonst erhalten wir leicht ein Menschenbild, das dem der Bibel nicht entspricht.

Glaubensaussagen lassen sich oftmals nur in einer Form fassen, die eine Spannung zwischen zwei Polen ausdrückt. So ist Jesus Gott und Mensch zugleich – eine paradoxe Aussage. Entweder jemand ist Gott – dann ist er eben kein Mensch. Oder jemand ist Mensch – dann ist er nicht Gott. Doch Jesus ist sowohl Gott als auch Mensch. Ähnliches gilt für die Spannung von Gesetz und Evangelium. Vom Evangelium her werden wir durch die Vergebung Jesu Christi – ohne unser Verdienst – gerecht. Doch wer dann meint, Taten spielten überhaupt keine Rolle mehr, der lese Matthäus 25, wo zu denen, die die guten Taten nicht getan haben, gesagt wird: „Geht weg von mir."

Eine ähnliche Spannung liegt auch in der Aussage, dass der Mensch eine gute Schöpfung Gottes ist und doch gleichzeitig erlösungsbedürftig. Lässt man eine Seite außer Acht, so wird das Bild, das wir vom Menschen haben, sehr einseitig. Lässt man außer Acht, dass der Mensch erlösungsbedürftig ist, so kommen wir zur Forderung des Idealismus: „Edel sei der Mensch, hilfreich und gut." Wir geraten in eine Werkgerechtigkeit hinein, die viel Druck macht und nicht dem Evangelium von der Rechtfertigung des Sünders entspricht, auf die wir unseren Glauben gründen. Lassen wir aber außer Acht, dass der Mensch gute Schöpfung Gottes ist, so besteht die Gefahr, dass wir in Lebensverneinung und auch Leibfeindlichkeit hineinkommen – beides Tendenzen, die uns gerade im protestantischen Bereich nicht ganz unbekannt sein dürften. Sich am Leben zu freuen ist dann fast schon verwerflich. Denn: Ein Christ geht immer den unteren Weg und der ist in der Regel freudlos und streng und schwer.

Bei den Juden, wo wir ja unsere Glaubenswurzeln haben, kann man viel sehen von der Freude darüber, dass der Mensch eine gute Schöpfung Gottes ist: Das Judentum kennt eine hohe Achtung vor dem Leben ebenso wie ausgelassene Freude beim Feiern mit Essen und Trinken und Singen und Tanzen. Es kennt Gott als den Liebhaber des Lebens, der sich freut, wenn wir das Leben feiern!

Was hat das alles mit der Frage danach zu tun, wie mein Leben mehr Ausstrahlung gewinnt, wie es echter und tiefer und mehr *mein* Leben werden kann? Ich denke sehr viel: Anzuerkennen, dass ich eine gute Schöpfung Gottes bin, das ist die Grundlage für den Weg zu mir selber. Etwas, das ich nicht gut finde, werde ich wohl kaum entfalten wollen. Ich freue mich, dass Gott mit meiner Person etwas Gutes geschaffen hat und bringe das durch mein Leben zum Ausdruck!

Manchem wird vielleicht der Gedanke schwer fallen, dass Gott mit ihm (oder ihr) etwas Gutes geschaffen hat. Eine junge Frau, die durchaus hübsch war, sagte mir in einem Gespräch. „Ich glaube ja schon, dass Gott keine Fehler macht, aber ich bin die Ausnahme von dieser Regel." Sie sagte das voller Ernst und ohne Ironie. Für manchen ist das der erste Schritt, der zu gehen ist: Festzustellen: „Ich bin eine gute Schöpfung Gottes." Dann können weitere Schritte auf dem Weg der Selbstannahme folgen, die vorn bereits beschrieben sind.

Der zweite Schritt: Das Gute, das Gott in mein Leben hineingelegt hat, will auch entfaltet werden. Vielleicht muss ich erst einmal auf Entdeckungsreise gehen, um zu erkennen, was das ist, welche Gaben, welche Möglichkeiten in mir selbst verborgen liegen. Und, das ist meine Überzeugung, gerade dann, wenn ich weiß, dass ich auf die Vergebung Jesu angewiesen bin; wenn ich weiß, dass ich immer wieder schuldig werde, aber mit dem Bewusstsein lebe, dass es das Angebot zur Umkehr gibt, gerade dann gewinne ich die Freiheit, Neues zu probieren und Ungewohntes zu wagen. Ich muss nicht von vorn herein alles richtig machen! Ich darf experimentieren! Und wenn ich erkannt habe, dass ich einen falschen Weg eingeschlagen habe, gibt es die Möglichkeit zur Umkehr. „Mut zum Fragment" (zur Unvollkommenheit) gehört nach Ansicht eines guten Freundes von uns zu einem überzeugenden christlichen Lebensstil. Natürlich soll hier keiner Leichtfertigkeit das Wort geredet werden. Doch wer aus lauter Angst, Fehler zu machen, nichts wagt, dessen Leben kann sich auch nicht entfalten. Die guten Möglichkeiten, die Gott in sein Leben hineingelegt hat, bleiben so ungenutzt und verborgen. Es kann keine Freude entstehen über das, was Gott geschaffen hat – und gerade durch diese Freude würden wir Gott die Ehre geben.

Gott die Ehre geben – darunter verstehen wir meistens, dass wir Gott mit Gebeten und Liedern loben, dass wir ihn anbeten. Doch vielleicht geht es um etwas Umfassenderes: Gott durch unser ganzes Leben die Ehre zu geben, indem unser Leben zeigt: „Gott, das, was du geschaffen hast, ist gut." Wir geben ihm die Ehre, wenn wir uns an dem Leben, das er uns geschenkt hat, freuen. Wir geben ihm die Ehre, wenn wir uns mehr und mehr leiten lassen von dem, was Gott sich mit uns gedacht hat, und weniger von dem, was Menschen über uns denken.

Von dem französischen Philosophen Jean-Paul Sartre gibt es ein hochinteressantes Zitat über die Christen. Er schreibt: „Weil ein Christ sich verantwortlich weiß für sein eigenes Leben und dieses Leben als eine Darstellung der Herrlichkeit Gottes betrachtet, kann er auf nichtegoistische Weise an der Gestaltung des eigenen Handelns interessiert sein."[1]

Sartre geht von dem uns wohlvertrauten Gedanken aus: Wer sich zu viel mit sich selbst und seinem eigenen Tun beschäftigt, ist ein Egoist. Und nun sagt er: Nur die Christen, die das tun, sind keine Egoisten. Sie nehmen damit die Verantwortung wahr, die auf ihrem Leben liegt. Ihr Leben ist eine Darstellung der Herrlichkeit Gottes – und damit es das wirklich sein kann, ist es nötig, sich intensiv damit zu beschäftigen, wie man dieses Leben lebt. Ich denke, dass Sartre hier an die biblische Aussage anknüpft: „Gott schuf den Menschen zu seinem Bilde, zum Bilde Gottes schuf er ihn" (1. Mose 1,27). Welch ein Vorrecht, mit meinem Leben eine Darstellung der Herrlichkeit Gottes zu sein – aber auch welch eine Aufgabe!

Zu dieser Aufgabe gehört natürlich, dass ich so lebe, wie es Gott gefällt, dass ich mich bemühe, mehr und mehr seinen Willen zu tun. Denn mit einem Leben, das seinem Willen zuwider läuft, werde ich wohl kaum Gott ehren.

Was Gott gefällt, hat Jesus im dreifachen Liebesgebot zusammengefasst: Du sollst Gott lieben. Du sollst deinen Nächsten lieben. Du sollst dich selbst lieben.

Es ist interessant, dass in der psychologischen Fachliteratur (zum Beispiel bei Abraham Maslow) Parallelen zum dreifachen Liebesgebot zu finden sind. Menschen, die sich selbst im guten Sinne verwirklichen, werden dort beschrieben als Menschen, die dem inneren Wachstum einen Vorrang in ihrem Leben einräumen. Sie entwickeln mehr und mehr Vertrauen zu sich selbst und wollen das, was in ihnen angelegt ist, auch zulassen und entfalten (sich selbst lieben). Sie werden aber auch beschrieben als Menschen, die einen Sinn für Spiritualität und Transzendenz haben, auch wenn sie keine prakti-

---

1   Zitiert nach: Marsha Sinetar, Die Sehnsucht ganz zu sein, Herder, Freiburg 1991, S. 23.

zierenden Christen sind (Gott lieben). Und sie werden beschrieben als Menschen mit klaren ethischen Vorstellungen und als Menschen, die sich mit anderen Menschen identifizieren, das heißt, soziale Verantwortung übernehmen und sich in humanitären Projekten oder für die Umwelt engagieren (den Nächsten lieben).

Diese Beschreibung deutet für mich darauf hin, dass bestimmte Werte tief im Menschen verwurzelt sind und dass, wer sich von Fremdbestimmung mehr und mehr löst, zwangsläufig auf diese Wurzeln stößt. Das bedeutet: Der Weg zu sich selbst führt gerade nicht, wie oft befürchtet, zu egoistischem Verhalten oder dazu, dass man bloß noch an sich selbst denkt. Vielmehr entsteht auf diesem Weg ein Bedürfnis, sich nach einer höheren Macht – für Christen der Gott der Bibel – auszurichten und sich um seine Mitmenschen zu kümmern.

Eigentlich ist das auch nicht verwunderlich. Gott ist der Schöpfer aller Menschen. Und er hat in jedes Leben das hineingelegt, was der Mensch braucht, um ein Leben so zu leben, wie Gott es sich gedacht hat (vgl. auch Röm.1,19-21). Leider haben Menschen vielfach etwas anderes daraus gemacht.

Wenn ein Mensch, der um seine Erlösungsbedürftigkeit weiß und damit nicht dem Wahn unterliegt, er könne sich durch sein „Gut-Sein" den Himmel verdienen, sein Leben entfaltet, sein Leben genießt und sich seines Lebens freut, dann ehrt er doch damit den, der ihm dieses Leben gegeben hat, der ihn „zu seinem Bilde" geschaffen hat. Sein Leben kann dann tatsächlich eine – wenn auch unvollkommene – Darstellung der Herrlichkeit Gottes sein.

Mir hat eine kleine Geschichte aus dem Judentum gut gefallen, die zusammenfasst, was ich mit diesem Buch möchte.

Rabbi Sussja spricht im Kreis seiner Schüler über das Sterben und darüber, wie es sein wird, wenn er eines Tages vor Gott steht. „In der kommenden Welt", erklärt er, „wird man mich nicht fragen: ‚Warum bist du nicht Mose gewesen?' Gott wird mich fragen: ‚Warum bist du nicht Sussja gewesen?'"

Zum Weiterdenken

■ Ich stelle mir vor, wie ich selbst einmal vor Gott stehe, und er fragt mich: „Bist du . . . . (den eigenen Namen einsetzen) gewesen?" Was werde ich wohl antworten?

Brent Curtis / John Eldredge

Ganz leise wirbst du um mein Herz

Wie Gott unsere Sehnsucht stillt

272 Seiten. Fester Einband
Bestell-Nr. 3-7655-1816-6

„Das christliche Leben ist vor allem anderen eine Liebesaffäre des Herzens." Seit unseren Kindertagen kennen wir die Stimme, mit der Gott uns sein Liebeslied zuflüstert. Ihr Flüstern ist hörbar im Wind, sie lädt uns ein durch das Lachen guter Freunde. Wir haben sie gespürt bei der Geburt unseres ersten Kindes oder während wir den Glanz eines Sonnenuntergangs über dem Meer beobachteten. Sogar in Zeiten großen persönlichen Leides ist sie gegenwärtig – in dem Verlust einer Ehe, im Tod eines Freundes. Etwas ruft nach uns durch solche Erfahrungen und weckt tief in unserem Herzen eine unstillbare Sehnsucht nach Intimität, Schönheit und Abenteuer ... Und die Stimme, die uns von diesem Ort aus ruft, ist keine andere als die Stimme Gottes.

„Radikal offen reißen die Autoren Masken toter Rechtgläubigkeit weg und nehmen mit auf die faszinierende Reise, unsere persönliche Liebesgeschichte mit Gott neu zu entdecken. Dieses Buch hat die Gewissheit in mir vertieft, dass Glaube nicht ohne Herzensbeziehung zu Gott überlebt."

Ulrich Eggers, Redaktion AUFATMEN und JOYCE

BRUNNEN VERLAG GIESSEN
www.brunnen-verlag.de

Gigi Graham Tchividjian

Wenn Gott der Wind ist, kann ich fliegen

Kraftquellen entdecken,
wenn der Alltag uns über den Kopf wächst

160 Seiten. Taschenbuch
Bestell-Nr. 3-7655-3684-9

Gigi Graham Tchividjian, älteste Tochter von Billy und Ruth
Graham, kennt die alltäglichen Überforderungen aus eigener
Erfahrung. Als Ehefrau und Mutter von sieben Kindern,
Großmutter, Autorin und vielgefragte Referentin weiß sie, was ein
Leben mit vielen, manchmal zu vielen Aufgaben bedeutet.

Durch Erfahrungen von Mutlosigkeit und Niedergeschlagenheit ist
die Autorin ihren Weg gegangen. Heute kann sie allen Frauen Mut
machen, denen es ähnlich geht. Sie beschreibt die „Stolpersteine", die
ein oft übervoller Alltag bereithalten kann. Sie zeigt Wege auf, diese
Hindernisse zu überwinden und die Kraftquellen zu entdecken, die
es uns ermöglichen, auch in turbulenten Zeiten gelassen zu bleiben.

BRUNNEN VERLAG GIESSEN
www.brunnen-verlag.de